SHULAMIT ZUKERMAN

GOTTES WEISHEIT

דעת אלוהים

DAHAT ELOHIM

Geheimnisse der hebräischen Sprache
aus der Bibel

Shulamit Zukerman
Gottes Weisheit – dahat Elohim
Geheimnisse der hebräischen Sprache aus der Bibel

Gedruckte Fassung:
ISBN 978-3-03965-055-2

E-Book:
ISBN 978-3-03965-056-9

Bibelstellen sind aus der Schlachter Übersetzung 1951 oder Luther 1912.
Hebräisch: https://mechon-mamre.org

Lektorat: Christiane Kathmann, www.lektorat-kathmann.de
Umschlag- & Satzgestaltung: OHA Werbeagentur GmbH, www.oha.swiss
Druck: Bookpress.eu, Olsztyn, Polen

Dieses Buch und weitere interessante Medien
(Auslieferung auch in DE/AT) können Sie beziehen bei:

MOSAICSTONES, Tel. +41 33 336 00 36
info@mosaicstones.ch, www.mosaicstones.ch

Inhalt

Vorwort

Die Nachrichten der letzten Monate und Jahre bringen Unruhe und Unsicherheit, werfen viele Fragen auf und lassen die Sorge um die Zukunft wachsen.

Christen und Nichtchristen werden mit Nachrichten und Situationen konfrontiert, die es vor einigen Jahren so noch nicht gab. Dies auch, weil die verschiedenen Medien weltweit heute Informationen schneller in jedes Haus liefern.

Für Gott ist das nicht überraschend. Er kennt den Anfang und das Ende. Gott lässt uns nie allein. Leider lassen wir Gott manchmal allein. Lassen IHN nicht in unser Leben, in unsere Probleme, in unsere Entscheidungen hinein.

Gott hat Weisheit, göttliche Weisheit, die sich von menschlicher Weisheit unterscheidet. ER will uns SEINE Weisheit schenken. Er möchte uns helfen, durch und mit SEINER Weisheit Lösungen zu finden und Probleme zu lösen.

Ich hoffe, dass du beim Lesen ermutigt wirst, mehr über die Weisheit Gottes zur erfahren, die ER uns schenken möchte.

Seminarfeedbacks

Gottes Weisheit in schwierigen Zeiten
Seminar mit Shulamit Zukerman, 4. November 2023

Shulamit Zukerman öffnet und erweitert uns durch ihren Einbezug des hebräischen Urtextes den Blick auf tiefe biblische Wahrheiten und Zusammenhänge. Bibelstellen, die ich seit der Kindheit nur schwer einordnen oder verstehen konnte, bekommen aus dieser neuen Perspektive heraus einen neuen Sinn. Gottes Wort wird lebendig und es weckt in mir eine neue Freude und Neugier.

C. & L. S.

Es hat mich erstaunt, dass die bekannte Geschichte am Anfang der Genesis, die ich schon so oft gelesen hatte, noch Neues enthielt. Shulamit erklärte und ich wundere mich, wie ich Dinge einfach überlesen und anders interpretiert habe. Es ist so spannend!

Der Baum der Erkenntnis – nur Gott hat alle Weisheit, wir Menschen hätten sie gern. Der Baum des Lebens – nur Gott kann Leben geben, wir Menschen brauchen zumindest eine funktionierende Zelle. Die Schlange – was stellt sie dar? Den Satan? Kriecht der auf dem Boden und frisst Erde?
Ehrfurcht vor Gott – wie äußert sich die im Vergleich mit der Begegnung mit einem Polizisten? Sehne ich mich nach seiner Weisheit? Bin ich schon mit Eindrücken zufrieden? Eindrücke zeigen die Richtung an. Für die Lösung eines Problems braucht es Gottes übernatürliche Weisheit.
Ich bin dankbar, dass ich an diesem Seminar teilgenommen habe. Ich hätte viel verpasst!

Sonja S.

Das Seminar war interessant und lehrreich. Direkt aus dem Hebräischen übersetzt, wortwörtlich, geben gewisse Worte in der Bibel eine andere Dimension, eine neue Sicht auf eine Handlung. Für mich ist es bereichernd und hat tiefe Bedeutungen, die ich in mein Leben integrieren kann. Es hat mich ermutigt, aber auch dafür sensibilisiert, mich nach Gottes Weisheit auszustrecken, da sie notwendig ist, um in dieser Zeit richtig zu handeln. Menschliche Weisheit kommt ans Ende, Göttliche ist endlos und sie steht uns zur Verfügung.

Maria N.

Kapitel 1

Zwei Bibelstellen

Wenn wir uns in der Welt umschauen, stellen wir fest, dass sie sich verändert hat. Wir hören immer öfter von Kriegen in verschiedenen Ländern, zwischen verschiedenen Völkern, von Erdbeben und Klimaveränderungen. Diese Nachrichten erreichen uns heute viel schneller als noch vor 10 bis 15 Jahren.

Auch in unserem Leben gibt es manchmal Fragen und Probleme, für die wir keine Lösung finden; manchmal wissen wir auch nicht mehr, wie wir beten sollen.

Beim Lesen der Bibel können auch Fragen auftauchen, es gibt Texte, die für uns unklar oder schwer verständlich sind. Ich möchte dich ermutigen, dich mit deinen Fragen auch an Gott zu richten, nie aufzugeben oder zu resignieren. Es gibt Fragen, die Zeit brauchen, bis wir «offen» genug sind, um von Gott zu hören und die Dinge aus einer neuen Perspektive zu sehen.

Ich möchte dieses Buch mit zwei Bibelstellen beginnen, die dir wahrscheinlich gut bekannt sind und die genau solche Fragen aufwerfen können.

1. Mose 2,9–17

Und Gott der HERR ließ allerlei Bäume aus der Erde hervorsprossen, lieblich anzusehen und gut zur Nahrung, ***und den Baum des Lebens mitten im Garten und den Baum der Erkenntnis des Guten und Bösen.*** *Und ein Strom ging aus von Eden, zu wässern den Garten; von dort aber teilte er sich und ward zu vier Hauptströmen. Der erste heißt Pison; das ist der, welcher das ganze Land Chavila umfließt, woselbst das Gold ist; und das*

Gold desselbigen Landes ist gut; dort kommt auch das Bedolach vor und der Edelstein Schoham. Der zweite Strom heißt Gichon; das ist der, welcher das ganze Land Kusch umfließt. Der dritte Strom heißt Hidekel; das ist der, welcher östlich von Assur fließt. Der vierte Strom ist der Euphrat. Und Gott der HERR nahm den Menschen und setzte ihn in den Garten Eden, dass er ihn bauete und bewahrete. Und Gott der HERR gebot dem Menschen und sprach: Du sollst essen von allen Bäumen des Gartens; ***aber von dem Baum der Erkenntnis*** *des Guten und des Bösen sollst du nicht essen; denn welchen Tages du davon issest, musst du unbedingt sterben!*

Hosea 4,1–6

Hört des HERRN Wort, ihr Kinder Israel! Denn der HERR hat zu rechten mit den Bewohnern des Landes, weil keine Treue, kein Erbarmen und keine Gotteserkenntnis im Lande ist. Fluchen und Lügen, Morden, Stehlen und Ehebrechen hat überhandgenommen, und Blutschuld reiht sich an Blutschuld. Darob trauert das Land und müssen verschmachten alle, die darin wohnen; die Tiere des Feldes, die Vögel des Himmels und auch die Fische im Meer werden dahingerafft. Nur hadere niemand und strafe keiner! Aber mit dir, du Priester, will ich hadern! Du sollst bei Tage straucheln, und auch der Prophet wird mit dir straucheln des Nachts, und ich will deine Mutter vertilgen. ***Mein Volk geht aus Mangel an Erkenntnis zugrunde; denn du hast die Erkenntnis verworfen,*** *darum will ich auch dich verwerfen, dass du nicht mehr mein Priester seiest; und weil du das Gesetz deines Gottes vergessen hast, will auch ich deiner Kinder vergessen!*

Wenn wir diese beiden Bibelstellen lesen, müssen wir uns einige Fragen stellen:

- **Warum hat Gott** die beiden Bäume im Paradies gepflanzt und besonders erwähnt?
- **Warum hat Gott verboten,** vom Baum der Erkenntnis zu essen? Und warum steht im Buch Hosea geschrieben, dass das Volk zugrunde gehen wird, weil es keine Erkenntnis hat?

- **Was haltest du** von diesen beiden gegensätzlichen Bibelstellen? Was hat Gott damit gemeint? Will Gott wirklich, dass wir untergehen?

Ich möchte 1. Mose 2,9.17 zusammen mit der wörtlichen Übersetzung aus dem Hebräischen betrachten:

In 1. Mose 2,9 steht auf Deutsch: *Und Gott der HERR ließ allerlei Bäume aus der Erde hervorsprossen, lieblich anzusehen und gut zur Nahrung,* ***und den Baum des Lebens mitten im Garten und den Baum der Erkenntnis des Guten und Bösen ...***

Aus dem Hebräischen sollte diese Bibelstelle wie folgt übersetzt werden: *Und Gott der HERR ließ allerlei Bäume aus der Erde hervorsprießen, lieblich anzusehen und gut zur Nahrung, und den Baum des Lebens mitten im Garten und den* **Baum der Weisheit** *(dahat) des Guten und Bösen.*

In 1. Mose 2,17 steht auf Deutsch: *... aber von dem* **Baum der Erkenntnis** *des Guten und des Bösen sollst du nicht essen; denn welchen Tages du davon issest, musst du unbedingt sterben!*

Aus dem Hebräischen sollte diese Bibelstelle wie folgt übersetzt werden: *... aber von dem* **Baum der Weisheit** *(dahat) des Guten und des Bösen sollst du nicht essen; denn welchen Tages du davon isst, musst du unbedingt sterben!*

Wir sehen an diesen Bibelstellen, dass im Hebräischen das Wort «Weisheit» vorkommt und nicht wie im Deutschen das Wort «Erkenntnis».

Im Hebräischen gibt es mehrere Wörter für Weisheit:

חכמה ***cochma***

- Klugheit, kann als menschliche Weisheit betrachtet werden.

בינה ***bina***

- Intelligenz, kann als durch Erfahrung erworbene Weisheit betrachtet werden.

תבונה ***tvuna***

- Verstand / Intelligenz, kann auch als durch Erfahrung erworbene Weisheit betrachtet werden.

ידע ***jeda***

- Wissen durch Sammeln von Informationen.

השכלה ***haskala***

- Weisheit durch Ausbildung.

דעת ***dahat***

- Wissen / Weisheit – **göttliches Wissen oder göttliche Weisheit.**

Im modernen gesprochenen Hebräisch kann ein Mensch nicht sagen, dass er ***dahat*** hat. ***Dahat*** ist ein Wort, das im Hebräischen mit Gottes Weisheit oder Gottes Wissen in Zusammenhang steht – **Weisheit, die Gott hat oder von Gott kommt.**

Wir konzentrieren uns in diesem Buch auf das Wort
דעת ***dahat***

Auf Deutsch wird das Wort dahat (Weisheit) oft mit «Erkenntnis» übersetzt.

Nachdem wir nun gesehen haben, dass der eine Baum im Paradies ein Baum der Weisheit (dahat) und der andere ein Baum des Lebens ist, möchte ich fragen: Was sind dann diese beiden Bäume, die Gott im Garten Eden gepflanzt hat? Stellen sie etwas dar oder sind sie da, um uns auf die Probe zu stellen? Wollte Gott unseren Gehorsam oder unsere Disziplin auf die Probe stellen, wie ich schon von anderen gehört habe?

Hast du dich das auch schon gefragt: Was sind das für Bäume?

Ich möchte nun einen Schritt weiter gehen und versuchen, eine Antwort auf die Frage zu geben, was diese zwei Bäume im Garten Eden sein könnten.

Die beiden Bäume stehen für zwei Eigenschaften, die den Menschen von Gott unterscheiden!

Zwei Eigenschaften, die nur Gott hat

1. Allwissend

- Gott ist Allwissend!! NUR ER besitzt alle Weisheit.
- Es gibt Dinge, die nur Gott weiß.
- Es gibt Situationen, für die NUR Gott die Lösung hat.
- ER weiß alles über uns. ER weiß was wir denken, was wir «verbergen», was wir wollen oder uns wünschen.
- Gott kennt die Vergangenheit, die Gegenwart und die Zukunft.
- Nur Gott weiß, was gut und böse ist.

2. Lebensgeber (Quelle des Lebens)

- Niemand hat Gott erschaffen. Gott war schon immer da. ER wurde nicht geboren und wird nicht sterben.
- Nur Gott kann Leben schaffen und ER ist der Lebensspender.

Auch die Wissenschaftler können in ihren Experimenten kein Leben schaffen, ohne eine oder mehrere lebende Zellen zu benutzen. Die Eizelle einer Frau und der Same eines Mannes brauchen die Lebenskraft Gottes, um neues Leben hervorzubringen. Gott hat die Welt durch sein Wort erschaffen, weil ER die Quelle des Lebens ist. Wir Menschen brauchen eine lebendige Zelle, um Leben zu erzeugen.

Weitere Eigenschaften, die **NUR** Gott hat:
- Allmacht und Allgegenwart.

Zusammengefasst: Gott ist allwissend, allgegenwärtig, allmächtig und ewig.

Die Bäume, die Gott im Paradies gepflanzt hat, haben zwei Eigenschaften, die nur Gott hat. Die Bäume stellen den Unterschied zwischen Menschen und Gott dar!

Es gibt einen Unterschied zwischen dem Geistlichen und dem Irdischen. Zwischen Himmel und Erde. Zwischen Gott und den Menschen. **Auf der Erde gibt es Grenzen.**

Auch Jesus, als Er auf der Erde lebte, war nicht allwissend; das lesen wir in Lukas 2,52: ... *Und Jesus nahm zu an Weisheit, Alter und Gnade bei Gott und den Menschen.*

Und Jesus war auch nicht allgegenwärtig (denn Er war ja auf Erden ein Mensch)!!

Die Schlange im Paradies

Wir sind immer noch im Paradies und meine nächste Frage ist: Was oder wer ist die Schlange?

Ich habe von Leuten gehört, und mir wurde auch als Kind beigebracht, dass die Schlange der Satan ist.
In **Offenbarung 12,9** können wir lesen: ... *So wurde geworfen der große Drache, die alte Schlange, genannt der Teufel und der Satan ...*

In diesem Vers lesen wir, dass die Schlange «der Teufel» genannt wird, aber das bedeutet nicht, dass die Schlange im Paradies wirklich der Teufel ist.

Wenn die Schlange der **Satan sein sollte,** warum nennt Gott sie dann nicht Satan? Im Buch Hiob steht geschrieben, dass der Satan zu Gott kam. Warum steht dann in unserer Bibelstelle im 1. Buch Mose nicht geschrieben, dass die Schlange der Satan ist?

Wenn die Schlange der Satan ist, warum hat Gott ihn dann noch einmal verflucht? Dann habe ich noch zwei weitere Fragen:

1. *Wie kam der Satan in den Garten Eden – den* ***perfekten Garten,*** *den Gott geschaffen hat?*
2. *Benutzt Gott den Satan, um uns etwas beizubringen?*

Es gibt verschiedene Lehren, die sagen, dass Gott manchmal Unfälle, Krankheiten, oder Katastrophen benutzt, um uns etwas zu lehren, um uns zu disziplinieren. Dazu habe ich eine Frage: Brechen Eltern ihren Kindern die Hände oder Füße, um ihnen etwas beizubringen? Ich meine nicht. Warum gibt es dann Menschen, die glauben, Gott würde Unfälle, Katastrophen oder den Satan benutzen, um uns etwas zu lehren? Leider erleben wir Unfälle, Krankheiten und Katastrophen, aber es ist wichtig, zu wissen, dass sie nicht von Gott kommen, um uns etwas zu lehren. Diese Dinge geschehen, weil wir in einer gefallenen Welt leben, die nicht mehr vollkommen ist.

Um zu verstehen, was oder wer die Schlange im Paradies ist, möchte ich zwei Bibelstellen betrachten:

1. Mose 2,25: *Und sie waren beide nackt, der Mensch und das Weib, und schämten sich nicht.*

1. Mose 3,1–7: *Aber die Schlange war listiger als alle Tiere des Feldes, die Gott der HERR gemacht hatte; und sie sprach zum Weibe: Hat Gott wirklich gesagt, ihr dürft nicht essen von jedem Baum im Garten? Da sprach das Weib zur Schlange: Wir essen von der Frucht der Bäume im Garten; aber von der Frucht des Baumes mitten im Garten hat Gott gesagt: Esset nicht davon und rührt sie auch nicht an, damit ihr nicht sterbet! Da sprach die Schlange zum Weibe: Ihr werdet sicherlich nicht sterben! Sondern Gott weiß: welchen Tages ihr davon esset, werden eure Augen aufgetan und ihr werdet sein wie Gott und wissen, was gut und böse ist. Als nun das Weib sah, dass von dem Baume gut zu essen wäre und dass er eine Lust für die Augen und ein wertvoller Baum wäre, weil er klug machte, da nahm sie von dessen Frucht und aß und gab zugleich auch ihrem Mann davon, und er aß. Da wurden ihrer beider Augen aufgetan, und sie wurden gewahr, dass sie nackt waren; und sie banden Feigenblätter um und machten sich Schürzen.*

In 1. Mose 2,25 und 1. Mose 3,1 kommen auf Hebräisch die Worte **עֲרוּמִּים** – *arumim* und **עָרוּם** – *arum* vor, anstelle von nackt und listiger.

Die Wörter *arumim* und *arum* haben

1. eine **physische** Bedeutung – nackt sein
2. eine **geistliche** Bedeutung – **schlau, listig**

Adam und Eva waren nackt, die Schlange war auch nackt (die Schlange hat kein Fell wie viele andere Tiere). Wir können hier sehen, dass Adam, Eva und die Schlange «zusammengefunden» haben durch ihr Nacktsein!

In Sprüche 22,3 und Sprüche 27,12 finden wir eine biblische Erklärung für die «**geistliche**» Bedeutung des Wortes **עָרוּם** - arum

Lesen wir die Bibelstellen zuerst auf Deutsch und danach in der Übersetzung aus dem Hebräischen:

Der Kluge sieht das Unglück und verbirgt sich; die Unverständigen gehen hindurch und werden beschädigt.

Ein Kluger sieht das Unglück und verbirgt sich; aber die Unverständigen gehen hindurch und leiden Schaden.

Die Bibelstellen sollten so aus dem Hebräischen übersetzt werden: Der Listige sieht **das Schlechte / das Böse / das Versteckte** und die, die es glauben, gehen hindurch und werden **dafür bestraft.**

Gemäss der Bibelstelle in Sprüche können wir verstehen, dass die Schlange Folgendes repräsentiert:

- Menschen, die das Böse in Gott und den Menschen sehen.
- Menschen, die an der Güte Gottes und an Seinen guten Motiven und Taten zweifeln.
- Menschen, die bei Gott und den Menschen gerne negative Motive suchen, Zweifel säen und damit Schaden anrichten können.

Ist das nicht ein Problem, das fast jeder von uns einmal hatte oder jetzt hat? Zweifeln wir nie an der Güte und Liebe Gottes, wenn wir etwas nicht verstehen? Haben wir nicht manchmal negative Gedanken gegen Gott oder andere Menschen?

Vor einigen Jahren hörte ich ein Interview mit einem gläubigen jüdischen Vater, der zwei seiner kleinen Kinder bei einem Schlafzimmerbrand verloren hatte. Auf die Frage, ob er denn keine Wut oder Zorn gegen Gott empfinde, antwortete er: *«Ich habe gelernt, Gott nie zu fragen; ‚Warum?'. Ich habe gelernt, Gott nur zu fragen: ‚Gott wozu? Gott, wie kannst du verherrlicht werden, auch durch diese Katastrophe?'.»*

Ich denke, jeder von uns hat Situationen erlebt, in denen man sich entscheiden musste, was man denkt.

In den Sprüchen sehen wir, dass die Bezeichnung «der Listige» menschliche Eigenschaften repräsentiert, wie z. B. Schlechtes, Böses über andere zu denken oder zu meinen, dass der andere versteckte negative Absichten hat. Diejenigen, die das glauben, gehen hindurch und werden dafür bestraft. Genau das hat die Schlange getan.

In 1. Mose 3,1 steht geschrieben: *Und die Schlange war listiger denn alle Tiere auf dem Felde, die Gott der HERR gemacht hatte, und sprach zu dem Weibe:* ***Ja, sollte Gott gesagt haben:*** *Ihr sollt nicht essen von den Früchten der Bäume im Garten?*

Im Hebräischen steht anstatt *«**Ja,** sollte Gott gesagt haben»,* das Wort af. Das Wort ***af*** steht in der Bibel oft in Zusammenhang mit Zorn und Wut. Aus dem Hebräischen kann man Vers 3,1 auch so verstehen, dass die Schlange Eva fragte: *«Hat Gott* ***aus Zorn oder Wut*** *gesagt, dass ihr nicht vom Baum der Weisheit essen sollt?»*

In der Bibel haben wir noch eine sehr interessante und bekannte Geschichte mit der Schlange. Ich möchte sie im Zusammenhang mit der Erklärung des Wortes «listig», aus den Sprüchen betrachten.

Die Geschichte finden wir in 4. Mose 21,1–9:
Und als der Kanaaniter, der König von Arad, der gegen Mittag wohnte, hörte, dass Israel auf dem Wege der Kundschafter heranziehe, stritt er wider Israel und machte Gefangene unter ihnen. Da tat Israel dem HERRN ein Gelübde und sprach: Wenn du dieses Volk in meine Hand gibst, so will ich an ihren Städten den Bann vollstrecken! Und der HERR erhörte Israels Stimme und gab die Kanaaniter in ihre Hand, und Israel vollstreckte an ihnen und an ihren Städten den Bann und hieß den Ort Horma. Da zogen sie vom Berge Hor weg auf dem Weg zum Schilfmeer, um der Edomiter Land zu umgehen. ***Aber das Volk ward ungeduldig auf dem Wege.***
Und das Volk redete wider Gott und wider Mose: Warum habt ihr uns aus Ägypten geführt, dass wir in der Wüste sterben? Denn hier ist weder Brot noch Wasser, und unsre Seele hat einen Ekel an dieser schlechten Speise! *Da sandte der HERR feurige Schlangen unter das Volk, die bissen das Volk, so dass viel Volk in Israel starb. Da kamen sie zu Mose und sprachen: Wir haben gesündigt, dass wir wider den HERRN und wider dich geredet haben. Bitte den HERRN, dass er die Schlangen von uns wende! Und Mose bat für das Volk. Da sprach der HERR zu Mose: Mache dir eine feurige Schlange und befestige sie an ein Panier; und es soll geschehen, wer gebissen ist und sie ansieht, der soll am Leben bleiben! Da machte Mose eine eherne Schlange und befestigte sie an das Panier; und es geschah, wenn eine Schlange jemanden biss und er die eherne Schlange anschaute, so blieb er am Leben.*

Israel hat gerade einen großen Sieg über den König von Arad errungen und nach kurzer Zeit fängt das Volk Israel wieder an, gegen Gott zu klagen. Sie beschuldigen Gott, dass ER nicht gut für sie sorgt und sie sterben lassen will. Da schickt Gott Schlangen.

Wir sehen in dieser Geschichte, dass die Schlangen nicht den Satan darstellen und dass die geistliche Erklärung für das Wort «listig», d. h. die Eigenschaften, die in den Sprüchen beschrieben werden, zutreffen: Der Listige sieht das Schlechte / Böse / Verborgene.

In dieser Geschichte können wir auch ein sehr wichtiges geistliches Prinzip sehen und erkennen.

Als die Menschen auf die Schlangen schauten, starben sie. Wenn wir auf unsere Zweifel schauen, auf unsere negativen Gedanken, wenn wir an der Güte Gottes zweifeln, wenn wir das Negative im Menschen suchen, werden wir sterben. Wir werden nicht physisch sterben, aber wir werden unglücklich sein, wir werden nicht «siegreich» leben und wir werden vieles von dem verpassen, was Gott uns schenken will.

Dann, als das Volk seine Verfehlung er- und bekannt hatte, sagte Gott zu Mose, er solle eine eherne Schlange auf ein Panier (= eine Fahnenstange) befestigen, und wenn das Volk die dort befestigte Schlange anschauen würde, würden sie leben. Wir sehen hier ein ähnliches Bild für Jesus, der am Kreuz hängt. Wenn wir unsere negativen Gedanken, unsere Zweifel an das Kreuz, an das Panier hängen, werden wir leben.

Wenn wir nun die Geschichte vom Paradies mit den zwei Bäumen und der Schlange zusammenfassen wollen, können wir sehen, dass sie unsere Realität in dieser Welt beschreibt. Uns Menschen fehlt die göttliche Weisheit, die nur Gott besitzt. Nur Gott kann Leben schaffen und schenken. Die Schlange steht für Eigenschaften, mit denen wir als Menschen zu kämpfen haben. Die Bäume stehen für die Eigenschaften Gottes und die Schlange für die Eigenschaften der Menschen. Hier auf der Erde sind den Menschen Grenzen gesetzt, es gibt einen Unterschied zwischen dem Irdischen und dem Geistigen. Dieser Unterschied bringt viele Spannungen in unser Leben und unsere Umstände hier auf der Erde.

Kapitel 2

Neun Bibelstellen über Weisheit

In diesem Kapitel werden wir sehen, dass Gott in der Vergangenheit verschiedenen Menschen von seiner Weisheit (dahat) gegeben hat, und Gott möchte uns auch heute von seiner Weisheit geben. Aber zuerst müssen wir überhaupt erkennen, dass es diese göttliche Weisheit gibt. Es ist eine Weisheit, die nur Gott hat, und sie unterscheidet sich von der menschlichen Weisheit, die jeder Mensch haben kann, wie zum Beispiel natürliche Klugheit, Intelligenz, Weisheit durch Erfahrung oder Ausbildung. Der zweite Schritt für uns wäre, Gott um seine göttliche Weisheit für unser Leben, für unsere Arbeit, für unsere Probleme, für unsere Geschäfte und für alle Bereiche unseres Lebens zu bitten.

Erste Bibelstelle
Hosea 4,1: *Hört des HERRN Wort, ihr Kinder Israel! Denn der HERR hat zu rechten mit den Bewohnern des Landes, weil keine **Treue,** kein **Erbarmen** und keine **Gotteserkenntnis** im Lande ist.*

Aus dem Hebräischen sollte der Vers lauten:
Hört des HERRN Wort, ihr Kinder Israel! Denn der HERR ist im Streit mit den Einwohnern des Landes, weil keine **Wahrheit**, keine **Gnade** und keine **Weisheit (Wissen) Gottes** im Lande ist.

Wenn wir keine Wahrheit, keine Gnade, keine Weisheit Gottes im Land, in unserem Haus, in unserer Familie haben, dann hat Gott Streit mit uns. Hier sehen wir also, dass Gott mit uns Streit haben kann. Es ist fast unglaublich, solche Worte über Gott zu lesen.

Wollen wir uns mit Gott streiten? Ich glaube, das will niemand. Deshalb sollten wir uns die **Wahrheit** zu Herzen nehmen, die wichtige Bedeutung der **Wahrheit** erkennen. Leben wir in der Wahrheit? Sagen wir einander die Wahrheit? Wie steht es mit der Gnade? Üben wir Barmherzigkeit in unserem Leben und gegenüber anderen Menschen aus, handeln wir durch und mit göttlicher Weisheit? Gott betont hier die Wichtigkeit von Wahrheit, Gnade und göttlicher Weisheit. Gott sagt, dass wir Menschen sowie auch die Tiere, die Vögel und die Fische ohne diese drei Dinge unglücklich sein werden. Ist das nicht leider der Zustand von vielen Menschen und der leidenden Natur heute? Deshalb lasst uns alle wachsen in der Wahrheit, in der Gnade und in Gottes Weisheit.

Zweite Bibelstelle
Sprüche 18,15: *Ein verständiges Herz erwirbt Kenntnisse, und das Ohr der Weisen lauscht dem Wissen.*

Im Hebräischen heißt es wörtlich:
Ein weises Herz (ein kluges Herz) wird Weisheit (*dahat* – דעת) **kaufen.**
Und das Ohr der Klugen wird um Weisheit (*dahat* – דעת) **bitten.**

Wir sehen hier, dass wir Weisheit kaufen und um Weisheit bitten sollen. Wie können wir Weisheit kaufen? Einige kennen vielleicht den Ausdruck: «Zeit kaufen», was bedeutet, Prioritäten zu setzen. Aber was bedeutet es, Weisheit zu kaufen? Weisheit kaufen bedeutet, zur Quelle der Weisheit zu gehen!

Wenn ich Gemüse kaufen will, gehe ich nicht zum Metzger. Wenn wir Weisheit brauchen, sollten wir Gemeinschaft mit Gott suchen und haben. Wir sollten auch zu Menschen gehen, die wissen, wie wichtig Weisheit ist, die wissen, wer Gott ist und IHN kennen, und nicht z. B. zu einer Wahrsagerin gehen und sie um «Weisheit» bitten.

In meinem persönlichen Gebet habe ich begonnen, mehr um diese göttliche Weisheit zu bitten. Ich danke Gott, dass ER alle Weisheit besitzt und ER mir davon schenken will.

Dritte Bibelstelle

2. Mose 31,1–5: *Und der HERR redete mit Mose und sprach: Siehe, ich habe mit Namen berufen Bezalel, den Sohn Uris, des Sohnes Hurs, vom Stamme Juda, und habe ihn mit dem* ***Geiste Gottes erfüllt, mit Weisheit und Verstand und Erkenntnis und mit allerlei Fertigkeit,*** *Erfindungen zu machen und sie auszuführen in Gold, Silber und Erz, und künstlich Steine zu schneiden und einzusetzen und künstlich zu zimmern am Holz, zu machen allerlei Werke.*

Aus dem Hebräischen sollte Vers 3 wie folgt übersetzt werden:
... und habe ihn mit dem **Geist Gottes** erfüllt, mit **Klugheit** und **Intelligenz** / Verstand und **Weisheit** דעת– *dahat*, und mit allerlei **Kunstfertigkeit,** ...

Um die Stiftshütte zu bauen erfüllte Gott Bezalel, den Sohn Uris, mit dem Geist Gottes, mit Klugheit, Verstand und Weisheit. Gott sagte und zeigte Mose, wie die Stiftshütte aussehen sollte. Mose hatte vorher noch nie ein solches «Haus Gottes» gebaut und auch Bezalel, der Sohn Uris, hatte vorher noch nie ein solches Haus gesehen oder gebaut.

In der obigen Bibelstelle sehen wir, dass Gott Bezalel für diese Aufgabe auswählte und ihn mit Gottes Geist, Klugheit, Intelligenz / Verstand und dahat (göttlicher Weisheit) erfüllte.

Der Unterschied zwischen Klugheit, Verstand und Intelligenz kann wie folgt erklärt werden:

- Klugheit (חכמה- *cochma*) ist menschliche Weisheit.
- Verstand / Intelligenz (תבונה– *tvuna*), ist menschliche Weisheit, die aus Erfahrung und / oder von logischem Denken kommt.

Wir sehen in dieser dritten Bibelstelle, dass Gott Bezalel fünf Dinge gab, um seine wichtige Aufgabe zu erfüllen: **den Geist Gottes, Klugheit, Verstand, göttliche Weisheit und alle Arten von Geschicklichkeit.**

Alle fünf Dinge waren wichtig und nötig, damit er seine Aufgabe erfüllen konnte. Wie oft sind wir nur mit ein oder zwei Dingen zufrieden? Wie oft haben wir uns nur auf unsere Gaben, unseren Verstand oder unsere Erfahrung verlassen und gehandelt? Der Heilige Geist ist sehr wichtig im Leben eines jeden von uns. Wir brauchen den Heiligen Geist.

Bis ich diese Einsichten von Gott bekam, dachte ich, dass ich nur den Heiligen Geist brauche. Aber durch diese Bibelstelle habe ich erkannt, dass ich mehr brauche. Der Heilige Geist kann und will mir auch die Weisheit Gottes offenbaren. Der Heilige Geist kann und will uns leiten, führen, auf Ideen bringen und uns Gottes Weisheit offenbaren. Das müssen wir alle erst lernen und verstehen.

Vierte Bibelstelle
Sprüche 10,14: *Die Weisen* ***sammeln*** *ihr Wissen, die Lippen der Narren aber schnelles Verderben.*
Vom Hebräischen sollte **sammeln, יִצְפְּנוּ** – ***izpenu,*** mit **verstecken / aufbewahren** übersetzt werden.

Was meinst du? Sind wir weise? Erkennen wir die Bedeutung der Weisheit? Weißt du, wie die Weisheit (das Wissen) verborgen oder bewahrt werden kann?

Wir sollten darauf achten, dass die Weisheit nicht gestohlen, zerstört oder zerbrochen wird. In der materialistischen Welt, im Alltag, verstecken wir unsere wertvollen Schmuckstücke und Gegenstände. Wir legen sie an sichere Orte. Wir verlassen das Haus nicht, ohne Türen und Fenster zu schließen. So sollten wir auch mit der göttlichen Weisheit umgehen, sie schätzen und schützen. Lass nicht jeden Gedanken in dich hinein; sei vorsichtig mit dem, was du anschaust, siehst und hörst; bewahre die Weisheit in deinem Herzen und schütze dein Herz.

Fünfte Bibelstelle

Die Bibelstelle aus Hosea 4,6 haben wir zu Beginn dieses Buches schon mal gelesen. Jetzt möchte ich diese Stelle aus dem Hebräischen besser erklären.

Hosea 4,6: ***Mein Volk geht aus Mangel an Erkenntnis zugrunde; denn du hast die Erkenntnis verworfen,*** *darum will ich auch dich verwerfen, dass du nicht mehr mein Priester seiest; und weil du das Gesetz deines Gottes vergessen hast, will auch ich deiner Kinder vergessen!*

Aus dem Hebräischen übersetzt müsste der Anfang von Vers 6 so lauten: Mein Volk ist **wortlos, schweigsam, bewegungslos** ohne Weisheit (Wissen). Weil du die Weisheit gehasst (verabscheut) hast, darum werde ich ...

Gott will nicht, dass wir zugrunde gehen. Das war nie sein Plan oder seine Absicht. Aus der hebräischen Übersetzung können wir sehen, dass unsere Worte und unsere Gebete ohne die Weisheit machtlos sind, wir wissen NICHT richtig, wie wir beten sollen.

Wir brauchen Gottes Weisheit und die Führung des Heiligen Geistes, um mit unseren Gebeten Dinge zu bewegen. Ohne die Weisheit Gottes sind unsere Gebete auf unsere menschliche Weisheit beschränkt. Wir bewegen uns auch nicht im Geistigen, wie wir uns bewegen könnten, wenn wir Gottes Weisheit hätten. Wir bringen keine Bewegung in die Situation oder in unser Leben.

Zu wissen, was Gott «will», was Gott sagt, die Offenbarung seiner Weisheit und die des Heiligen Geistes sind sehr wichtig für unser Beten und unser Handeln. Wir brauchen Weisheit im Gebet!

Sechste Bibelstelle

Psalm 100,3: *Erkennet, dass der HERR Gott ist; er hat uns gemacht, nicht wir uns selbst, zu seinem Volk und zu Schafen seiner Weide.*

Wortwörtlich aus dem Hebräischen:
Wisset, dass der HERR Gott ist; er hat uns gemacht, nicht wir uns selbst, zu seinem Volk und zu Schafen seiner Weide.

Gott macht uns in dieser Bibelstelle auf Dinge aufmerksam, die wir wissen sollten. Er macht uns auf die Beziehung aufmerksam, die wir zu Gott haben sollen. Wir sollen wissen, dass ER Gott ist. Gott ist der Schöpfer, Gott ist unser Schöpfer.

Gott hat alles geschaffen. ER ist Gott, der alles weiß, der allmächtig, der allgegenwärtig und die Quelle des Lebens ist.

Wir Menschen sind SEINE Schafe und ER hat uns zu SEINEM Volk erwählt. Wir gehören Gott und ER ist es, der über uns wacht und für uns sorgt. Dieser Psalm spricht von der Freude und Dankbarkeit, die wir Gott bringen sollen. Die echte und die wahre Freude, wie sie in diesem Psalm beschrieben wird, können wir erst zeigen, wenn wir wirklich wissen und erkennen, wer Gott ist und was ER ist. Unser Schöpfer, der allwissend ist, der uns liebt, der uns zu seinem Volk erwählt hat, der für uns sorgt.

Siebte Bibelstelle

Jeremia 9,23–24: *So spricht der HERR: Der Weise rühme sich nicht seiner Weisheit, der Starke rühme sich nicht seiner Stärke, der Reiche rühme sich nicht seines Reichtums; sondern wer sich rühmen will, der rühme sich dessen, dass er Einsicht habe und mich* ***erkenne,*** *dass ich der HERR bin, der Barmherzigkeit, Recht und Gerechtigkeit übt auf Erden! Denn an solchem habe ich Wohlgefallen, spricht der HERR.*

Aus dem Hebräischen sollte Vers 24 lauten:
... sondern wer sich rühmen will, der rühme sich dessen, dass er Einsicht

hat und über mich (Gott) **weiß,** [mich, Gott, **kennt**]**,** weil ich der HERR bin, der Gnade, Recht und Gerechtigkeit übt auf Erden! Denn an solchem habe ich Wohlgefallen, spricht der HERR.

Es gibt keinen Grund auf dieser Welt, stolz zu sein oder sich etwas zu rühmen. Wir sollten nicht stolz sein auf unsere menschliche Weisheit, auf unsere Kraft und Stärke oder auf unseren irdischen Reichtum, sondern allein darauf, dass wir Gott kennen, d. h., dass wir wissen, wer und wie Gott ist. Zu wissen, dass Gott alles weiß: ER besitzt alle Weisheit, und dieser allwissende Gott weiß, wie ER Gnade, Gerechtigkeit und Recht in diese Welt, in unsere Familien, in unsere Probleme und Schwierigkeiten bringen kann. Das sind die Dinge, die wir rühmen und auf die wir stolz sein sollten.

Achte Bibelstelle

Sprüche 2,1–7: [1]*Mein Sohn, wenn du meine Worte annimmst und meine*
Gebote bei dir bewahrst, [2]*so dass du der Weisheit dein Ohr leihst und dein*
Herz zur Klugheit neigst; [3]*wenn du um Verstand betest und um Einsicht*
flehst, [4]*wenn du sie suchst wie Silber und nach ihr forschest wie nach Schät-*
zen, [5]***so wirst du die Furcht des HERRN verstehen und die Erkenntnis***
Gottes erlangen. [6]*Denn der HERR gibt Weisheit, aus seinem Munde kom-*
men Erkenntnis und Verstand. [7]*Er sichert den Aufrichtigen das Gelingen*
und beschirmt, die unschuldig wandeln.

Vers 5 müsste im Hebräischen so lauten:
... so wirst du die Furcht des HERRN verstehen und die **Weisheit** Gottes finden.

Der Vers 5 ist das Ergebnis der Verse 1–4!

WENN wir Gottes Wort annehmen, Gottes Gebote halten, auf seine Weisheit hören, Gottes Wort lesen, die richtige Herzenshaltung haben und das alles so ernsthaft suchen wie Gold und Schätze, DANN erst werden wir die Furcht Gottes verstehen und die göttliche Weisheit finden.

Wir sehen hier einen Zusammenhang zwischen der Gottesfurcht und der Weisheit!

Neunte Bibelstelle
Wir kommen nun zu einer sehr bedeutsamen Bibelstelle über «Weisheit». Jesaja 11,1–2: *Und es wird ein Spross aus dem Stumpfe Isais hervorgehen und ein Schoss aus seinen Wurzeln hervorbrechen; auf demselben wird ruhen der Geist des HERRN, der Geist der Weisheit und des Verstandes, der Geist des Rats und der Stärke, der Geist der* ***Erkenntnis und der Furcht des HERRN.***

Vers 2 sollte aus dem Hebräischen wie folgt übersetzt werden:
... auf demselben wird ruhen der Geist des HERRN, der Geist der Klugheit und des Verstandes, der Geist des Rates und der Stärke, der Geist der **Weisheit (*dahat*)** und der Furcht des HERRN.

Diese Bibelstelle aus Jesaja ist eine prophetische Beschreibung Jesu. Ich denke, du hast diese Bibelstelle schon oft gelesen. Aber haben wir wirklich bemerkt, dass Jesus neben allen Gaben, die er von Gott empfangen hat, wie z. B. den Heiligen Geist, der auf ihm ruht, Weisheit, Verstand, den Geist des Rates, und Stärke, auch **göttliche Weisheit und die Gottesfurcht von Gott erhalten hat?**

Ist es uns bewusst, dass Jesus für seine irdische Zeit, für seinen irdischen Auftrag neben dem Heiligen Geist und all den anderen Gaben, die er hatte, auch ***dahat,*** die göttliche Weisheit, brauchte?

Wie oft agieren wir in unserem Unternehmen, am Arbeitsplatz, in Projekten, in der Familie, ohne mit allem ausgerüstet zu sein, was Gott für uns vorbereitet hat?

Erwarten und bitten wir um alles, was Gott uns zur Verfügung stellen will, um das, was er uns schenken will? Wenn Jesus all das brauchte, um seinen Auftrag zu erfüllen, wie viel mehr sollten wir mit diesen Gaben ausgestattet sein, um unseren Auftrag und unsere täglichen Herausforderungen anzunehmen und zu erfüllen.

In den beiden letzten Bibelstellen, in den Sprüchen und bei Jesaja, sehen wir einen direkten Zusammenhang zwischen *dahat*, der göttlichen Weisheit, und der Ehrfurcht vor Gott!

Um Gottes Weisheit zu empfangen und darin zu wachsen, brauchen wir Ehrfurcht vor Gott!

Kapitel 3

Ehrfurcht vor Gott

Ehrfurcht vor Gott ist ein sehr wichtiges Thema in der Bibel. Leider gibt es zu wenig Klarheit darüber, was Ehrfurcht wirklich ist und wie man in der Ehrfurcht wachsen kann.

In diesem Kapitel werde ich versuchen, das ein wenig zu erklären.

In Prediger 12,13 lesen wir: *... Lasst uns die Hauptsumme aller Lehre hören:* ***Fürchte Gott*** *und halte Seine Gebote; denn das soll jeder Mensch.*

Vers 13 sollte aus dem Hebräischen lauten: Lasst uns hören die Hauptsumme aller Lehre: **Fürchte Gott** und halte Seine Gebote; **denn das ist, was zu einem ganzen Menschen macht.**

Aus diesem Vers können wir erkennen, wie wichtig es ist, mehr über die Gottesfurcht zu lernen und zu verstehen. Ohne diese Erkenntnis fehlt uns Menschen etwas. Es fehlt das, was uns zum ganzen Menschen macht. Etwas, das uns hilft, in der Beziehung zu Gott zu wachsen und IHM näher zu kommen.

Immer wieder habe ich Menschen gefragt: Was ist die «Ehrfurcht Gottes»? Oder die Gottesfurcht? Leider musste ich feststellen, dass viele nicht genau wissen, was Gottesfurcht ist, weil ihnen wenig darüber gelehrt wurde oder weil sie sich auch selbst zu wenig Gedanken darüber gemacht haben. Ich persönlich glaube, dass die Ehrfurcht Gottes ein Thema ist, von dem wir ein Leben lang lernen sollten weil wir dadurch immer tiefer in der Ehrfurcht Gottes hineinwachsen können. Das ist möglich, wenn wir mehr darüber verstehen und sehen, wer und was Gott ist.

Ich finde, dass die Ehrfurcht vor Gott etwas ist, das im Leib Jesu, in den Gemeinden und im persönlichen Leben vieler Glaubender sehr fehlt.

Um das zu belegen, möchte ich zwei Fragen stellen:
1. Wie fühlst du dich, wenn du zu schnell fährst und plötzlich ein Polizeiauto hinter dir auftaucht? Was denkst du in diesem Moment?
   Hast du den gleichen «Stress», wenn du weißt, dass das, was du gerade tust oder vor einer Woche getan hast, in Gottes Augen eine Sünde (Zielverfehlung) ist?
2. Wie würdest du dich vorbereiten, wenn du eine Einladung zu einem Treffen mit einer sehr wichtigen und einflussreichen Person erhalten würdest?

Ich denke, du würdest darüber nachdenken, was du anziehen sollst, dich waschen, vielleicht zum Friseur gehen, überlegen, was du sagen sollst / kannst und was nicht.

Bereitest du dich auch vor, bevor du zu Gott ins Gebet gehst oder Gottes Wort liest? Reinigst du dein Herz und deine Gedanken, bevor du Gott begegnest? Bereitest du dich überhaupt auf die Begegnung mit Gott vor? Ich weiß nicht, wie deine Antwort lautet, aber sie könnte einen Hinweis auf dein persönliches Wachstum und deine Erkenntnis der Ehrfurcht vor Gott in deinem Leben sein.

Bevor ich erkläre, was Ehrfurcht vor Gott im Hebräischen bedeutet, möchte ich eine kurze Definition geben:

Ehrfurcht vor Gott ist eine Herzenshaltung, die:
- erkennt, wer und was Gott ist.
- erkennt, wer wir im Verhältnis zu Gott sind.
- unsere Abhängigkeit von Gott erkennt.

Ehrfurcht vor Gott aus dem Hebräischen

Ehrfurcht vor Gott im Hebräischen ist:

יראת **irhat** (Furcht) אלוהים **Elohim** (Gott)

Wenn ich die beiden Wörter irhat (Furcht) und Elohim (Gott) auseinandernehme, erhalte ich das Wort irha יִרְאָה anstatt irhat, das Wort Elohim verändert sich nicht. Im Wort irha verbergen sich zwei Wörter:

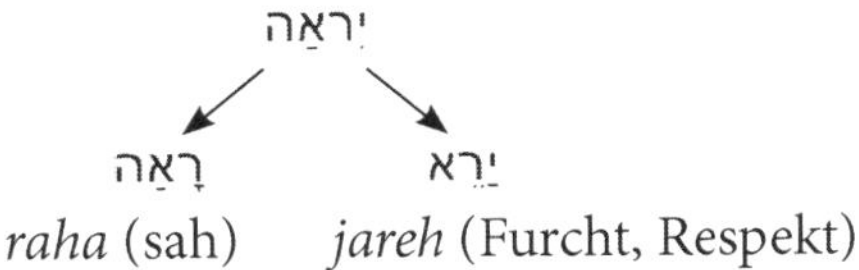

Die Bedeutungen der beiden Wörter sind:

1. ***Jareh / jerah*** = Ehre, Respekt, Achtung, die durch Kennen, Wissen und Erkennen entsteht.

2. ***Raha*** = Sehen – Gott sehen durch sein Wort, sein Handeln in unserem Leben. seine Liebe zu uns. Jesus sehen.

Aus dem Hebräischen können wir erkennen, dass es einen Zusammenhang zwischen *Sehen* und *Erkennen / Kennen* gibt, und dass dadurch die Ehrfurcht vor Gott wächst.

Lasst uns kurz darüber nachdenken, als was und wie wir die Dreieinigkeit Gottes sehen. Ich möchte dir einige Fragen stellen:
Wie siehst du Gott? Siehst du Gott als deinen Vater? Als deinen Herrn? Als deinen Schöpfer? Als deinen Freund? Siehst du Gott als heiligen Gott, Gott, der allmächtig, allwissend, allgegenwärtig ist? Gott, der AL-

LES weiß? Der ALLES kann? Siehst du Gott als das Wichtigste in deinem Leben?

Ich weiß nicht, wie dein irdischer Vater ist oder war, aber Gott als Vater wird dich nie im Stich lassen, wird immer für dich da sein und wird alles tun, um dir zu helfen und dich zu unterstützen.

Wie siehst du Jesus? Als deinen Retter, Richter, Erlöser, Bruder?

Als Kind in Israel habe ich oft von Soldaten gehört, die im Krieg ihr Leben geopfert haben, um das Leben ihrer Kameraden zu retten. Aus fast jedem Krieg, der in Israel stattgefunden hat, gibt es solche Heldengeschichten. Aber Jesus ist der größte Held. Jesus ist nicht nur für einige gestorben, sondern für ALLE, die seinen Tod für sich persönlich annehmen und dadurch Versöhnung mit Gott erfahren dürfen.

Wie siehst du den Heiligen Geist? Welchen Platz hat der Geist Gottes in deinem Leben?

Kennst du den Heiligen Geist? Kennst du SEINE Stimme?

Drei Bibelstellen, um den Zusammenhang zwischen Sehen und Gott fürchten zu beweisen

Wir haben Worte für Gottesfurcht aus dem Hebräischen betrachtet, und gesehen, wie wichtig es ist, Gottes Handeln zu sehen, um in der Gottesfurcht zu wachsen. Ich möchte dir drei Beispiele aus der Bibel zeigen, um den Zusammenhang zwischen Sehen und Gottesfurcht zu verdeutlichen.

In 2. Mose 14,31 lesen wir: ... *Als nun Israel die große Hand* ***sah,*** *die der HERR an den Ägyptern bewiesen hatte,* ***fürchtete*** *das Volk den HERRN, und sie glaubten dem HERRN und seinem Knecht Mose.*

Das Volk Israel verließ Ägypten, nachdem es gesehen hatte, wie Gott die Ägypter mit den zehn Plagen bestraft hatte. Als der Pharao nach dem Auszug des Volkes Israel versuchte, erneut gegen es vorzugehen, sah das Volk Israel, wie Gott das Meer für sie teilte, damit sie hindurchziehen konnten, und dann sahen sie, wie das ganze ägyptische Heer ertrank. Das Volk sah, wie es in Vers 31 heißt, die «große Hand» Gottes und fürchtete den Herrn.

2. Mose 20,18–21 / 5. Mose 5,20–30: *Und alles Volk sah den Donner und Blitz und den Ton der Posaune und den Berg rauchen. Da sie aber solches sahen, flohen (zitterten) sie und traten von ferne und sprachen zu Mose: Rede du mit uns, wir wollen gehorchen; und lass Gott nicht mit uns reden, wir möchten sonst sterben. Mose aber sprach zum Volk: Fürchtet euch nicht; denn Gott ist gekommen,* ***dass er euch versuchte und dass seine Furcht euch vor Augen wäre,*** *dass ihr nicht sündigt. Also trat das Volk von ferne; aber Mose machte sich hinzu in das Dunkel, darin Gott war.*

Das Volk Israel sah die Erscheinung von Gottes Heiligkeit und Macht auf dem Berg Sinai, als ER Mose die Zehn Gebote gab. Und das Volk fürchtete Gott.

Psalm 40,1–4: *Ein Psalm Davids, vorzusingen. Ich harrte des HERRN; und er neigte sich zu mir und hörte mein Schreien und zog mich aus der grausamen Grube und aus dem Schlamm und stellte meine Füße auf einen Fels, dass ich gewiss treten kann; und hat mir ein neues Lied in meinen Mund gegeben, zu loben unsern Gott.* ***Das werden viele sehen*** *und den* ***HERRN fürchten*** *und auf ihn hoffen.*

In Psalm 40 erzählt David von einer schwierigen Situation, in der er zu Gott um Hilfe schrie und wie Gott seinen Schrei hörte und ihn rettete. Aber Gott rettete ihn nicht nur, sondern gab David auch ein neues Lied, um Gott zu preisen.

Dieser Sieg, den David erlebte, und die Rettung, die die Menschen sahen, brachten die Menschen dazu, Gott zu fürchten und IHM zu vertrauen. Hier sehen wir wieder den Zusammenhang zwischen Sehen und Furcht.

In meiner Definition von Gottesfurcht habe ich erwähnt, dass ein Teil darin besteht, unsere Abhängigkeit von Gott anzuerkennen. Jesus wusste, was Gottesfurcht ist, und in seinem irdischen Leben war er sich seiner Abhängigkeit von Gott bewusst, wie wir in Johannes 5,19 sehen können: ... *Da antwortete Jesus und sprach zu ihnen: Wahrlich, wahrlich, ich sage euch: Der Sohn kann nichts von sich selber tun, sondern nur was er sieht den Vater tun; denn was dieser tut, das tut gleicherweise auch der Sohn.*

Jesus ist immer ins Gebet gegangen, um Gott zu «sehen», um Gottes Führung, Gottes Weisung zu «sehen». Jesus wusste um seine Abhängigkeit von Gott, und aus dieser Abhängigkeit heraus konnte Jesus seinen Auftrag auf Erden erfüllen.

Bevor wir zum nächsten Kapitel übergehen, und dort einige Beispiele für die Ehrfurcht vor Gott bei verschiedenen Personen in der Bibel betrachten, möchte ich den Unterschied zwischen «einen Eindruck von Gott bekommen» und «Gottes Weisheit», (דעת) beleuchten, denn die Weisheit Gottes ist das zentrale Thema dieses Buches. Es ist mir wichtig, dass du den Unterschied erkennst, damit du verstehen und einüben kannst, dich nach der göttlichen Weisheit auszustrecken, IHN darum zu bitten.

Eindruck von Gott: Dies ist ein Gedanke oder kann eine innere Überzeugung sein, die uns hilft, zu sehen und zu entscheiden, was zu tun ist, oder wie wir in einer bestimmten Situation handeln sollen. Ein Eindruck ist keine Lösung für ein Problem, aber er kann zu einer Lösung führen.

Wissen oder Weisheit von Gott: Dies ist eine Erklärung oder Antwort, die aus Gottes Wort oder vom Heiligen Geist auf eine Frage oder ein Problem kommt und die bis jetzt noch nicht als solche verstanden oder offenbart wurde.

Es ist eine übernatürliche Weisheit (Wissen), zur Lösung eines Problems. Es ist eine Lösung, die bisher nicht erwähnt oder gedacht wurde (es gab sie vorher nicht) und es ist auch eine übernatürliche Fähigkeit, um einen Auftrag auszuführen.

Ich möchte dir ein Beispiel aus dem Wort Gottes geben, das für mich die Weisheit Gottes ist und eine klare Antwort gibt, dass die Schlange im Paradies nicht der Satan sein kann. Diese Antwort Gottes wurde mir plötzlich klar, als mich eine Freundin auf den folgenden Vers aufmerksam machte. In 1. Mose 3,14 lesen wir: *Da sprach Gott der HERR zur Schlange: Weil du solches getan hast, so seist du verflucht vor allem Vieh und vor allen Tieren des Feldes! Auf deinem Bauch sollst du kriechen und Erde essen dein Leben lang!*

Meine Frage ist: Kriecht der Satan heute und frisst Erde?
Nein, das tut er nicht!

Die Schlange im Paradies ist nicht der Satan, sondern mit der Schlange ist das Tier gemeint. Nach der Beschreibung aus Sprüche 22 zeigt die Schlange einige Gewohnheiten, die wir Menschen haben: Das Böse zu sehen, an Gott, an seiner Güte, an seinen Verheißungen, an den Menschen zu zweifeln. Eine andere Gewohnheit von uns Menschen ist es, dem Satan die Schuld zu geben, wenn wir Probleme oder Schwierigkeiten haben. Aber nicht immer ist der Satan daran schuld, sondern es kann unsere eigene Rebellion, unser Ungehorsam, unsere Sünde oder etwas anderes sein. Adam hat das auch gemacht. Adam beschuldigte Gott und Eva, nachdem er selbst die Frucht gegessen hatte, anstatt die Verantwortung dafür zu übernehmen.

Die Geschichte in 1. Mose 2, mit den zwei Bäumen und der Schlange, ist eine Beschreibung des «Spannungsfelds» und der Kämpfe, die wir als Menschen auf der Erde haben, und sie beschreibt den Unterschied zwischen uns Menschen und Gott.

Kapitel 4

Beispiele aus der Bibel von Personen, die Ehrfurcht vor Gott kannten

Im vorigen Kapitel haben wir gesehen, dass es eine göttliche Weisheit gibt, die Gott uns geben will und die sich von der menschlichen Weisheit unterscheidet. Wir haben auch gesehen, dass es einen Zusammenhang zwischen dieser Weisheit und der Ehrfurcht vor Gott gibt. Ich möchte einige Beispiele von Menschen in der Bibel betrachten, um mehr über die Ehrfurcht vor Gott zu lernen. Beginnen wir mit einer sehr bekannten Bibelstelle.

2. Mose 1,15–21: *Und der König von Ägypten redete mit den hebräischen Hebammen, deren eine Schiphra, die andere Pua hieß. Er sprach: Wenn ihr die Hebräerinnen entbindet, so sehet auf der Stelle nach; ist es ein Sohn, so tötet ihn, ist es aber eine Tochter, so lasset sie leben! Aber die Hebammen* ***fürchteten Gott und taten nicht,*** *wie ihnen der ägyptische König befohlen hatte, sondern ließen die Kinder leben. Da ließ der König die Hebammen rufen und fragte sie: Warum tut ihr das, dass ihr die Kinder leben lasset? Die Hebammen antworteten dem Pharao: Weil die hebräischen Frauen nicht sind wie die ägyptischen; sie sind lebhafter; ehe die Hebamme zu ihnen kommt, haben sie geboren! Dafür segnete Gott die Hebammen; das Volk aber vermehrte sich und nahm gewaltig zu. Und weil die Hebammen* ***Gott fürchteten,*** *so baute er ihnen Häuser.*

In dieser Bibelstelle lesen wir, dass die Hebammen dem Befehl des Königs nicht gehorchten und damit ihr Leben riskierten. Wie oft lesen wir die Bibel und denken: «Das ist eine Geschichte des Volkes Israel in Ägypten.» Auch ich habe oft so gedacht, besonders am jüdischen Pessachfest, an dem sich alle Juden an den Auszug aus Ägypten erinnern. Aber in den letzten Jahren habe ich gelernt, wie wichtig diese biblischen Geschichten sind und dass sie da sind, damit wir heute daraus lernen können. Sie sind nicht nur Geschichten von damals, denn nach und nach sind einige dieser Situationen in verschiedenen Ländern Realität geworden und eines Tages werden sie weltweit Realität sein, wenn der Antichrist, oder «Mensch der Sünde», wie es in 2.Thessalonicher 2,1–12 heißt, sich offenbaren wird. Es gibt Völker, die von ihren Regierungen oder durch die religiöse Führung unterdrückt werden. Wir alle leben heute in einer politisch sehr unruhigen Welt mit extremen Situationen und Regierungen. Deshalb bin ich sehr dankbar, dass ich eine solche Geschichte wie die der Hebammen habe, sie lesen kann und dadurch ermutigt werde. Die Hebammen haben dem König nicht gehorcht und damit ihr Leben riskiert.

Der Befehl des ägyptischen Königs richtete sich gegen das Volk Gottes. Er wollte sein eigenes Volk, die Ägypter, vor dem Volk Israel schützen, das an Zahl zunahm. Hättest du an der Stelle der Hebammen auch dein Leben riskiert? Was hättest du getan? Dem König gehorcht? Oder ist Gott und sein Wort für dich die höchste Autorität?

Die Hebammen fürchteten Gott und wurden von Gott beschützt. Sie erlebten Gottes Schutz, als der König ihre Antwort akzeptierte. Gott gab ihnen eine weise Antwort für den König. Es steht auch geschrieben, dass Gott sie belohnte und ihnen Häuser baute. Was für eine mächtige Belohnung ist es, wenn GOTT selbst Häuser für uns baut.

Ehrfurcht Gottes im Leben von Hiob

In Hiob 1,1 lesen wir was Gott über Hiob sagt: *Es war ein Mann im Lande Uz, der hieß Hiob. Der war ein ganzer und gerader Mann,* ***der Gott fürchtete*** *und vom Bösen wich.*

Jedes Mal, wenn ich diesen Vers lese, denke ich: Welche Worte benutzt Gott, um Hiob zu beschreiben? In Vers 8 lesen wir, wie stolz Gott auf Hiob ist, als ER den Satan fragt, ob er das auch gesehen habe. Immer wenn ich das lese, denke ich: Was denkt Gott über mich? Was kann Gott über mich sagen? Hast du schon mal darüber nachgedacht, was Gott über dich sagen kann?

In den Versen 9+10 antwortet der Satan Gott und sagt, es sei kein «Wunder», dass Hiob gottesfürchtig sei, der Grund dafür sei der Erfolg, das Gelingen und der Schutz, den er von Gott hat.

Nun, ich habe Menschen getroffen die erfolgreich sind, die den Schutz Gottes erfahren oder immer wieder erfahren haben, aber das Merkmal der Gottesfurcht war in ihrem Leben nicht zu sehen.

Hiob wurde von dem Satan versucht. Hiob hatte Freunde, die ihn nicht verstanden haben, ihn verletzten und ihm Schuld zuschoben. In der Zeit der Prüfung hatte Hiob auch schwache Momente. Er hatte Fragen an Gott, die er IHM stellte, er schüttete sein Herz vor Gott aus, er sprach über die Ungerechtigkeit, die er sah, aber auch von der Macht und Größe Gottes. Hiob blieb trotzt allem auf der Seite Gottes, und was in Hiob 28,28 bedeutend ist: Er spricht von der Wichtigkeit der Gottesfurcht.

Hiob 28,28: ... *und hat zum Menschen gesagt: Siehe,* ***die Furcht des Herrn,*** *das ist Weisheit, und vom Bösen weichen, das ist Verstand!*

In welcher Situation wir uns auch befinden, die Furcht des Herrn ist Weisheit.

Am Ende des Buches sagt Gott zu Hiobs Freunden, dass sie nicht richtig geredet haben, nicht so wie Hiob es tat. Wir können in der Lebensgeschichte Hiobs sehen, dass er, obwohl er Fragen hatte, Dinge nicht verstand, eine Art «Verrat» durch seine Freunde erlebte und eine Frau hatte, die ihn nicht verstand, er trotzdem mit der Haltung der Ehrfurcht auf Gottes Seite blieb.

Gott sagte zu Hiobs Freunden, sie sollten Opfer bringen und zu Hiob gehen, damit er für sie opfere und Gott ihnen dadurch vergeben könne. Was wäre, wenn Hiob nicht bereit gewesen wäre, für sie zu opfern, oder nicht bereit gewesen wäre, ihnen zu vergeben?

Aber Hiob war ein Mann, der Gott fürchtete und sich vom Bösen abwandte. Die Umstände, die Dinge, die er vielleicht nicht verstand, brachten ihn nicht dazu, von der Ehrfurcht vor Gott abzuweichen.

Abraham

Wir können im Alten und Neuen Testament viel über Abraham lesen. Wir haben sicher alle über den Glauben gelesen, den Abraham hatte, über die Gerechtigkeit Abrahams, als er mit Gott über Sodom «verhandelte», über seine Fehler und auch über seine Fürsorge für die Menschen, die an seiner Seite und Teil seines Lebens waren.

Eine interessante Aussage über Abraham, die wir vielleicht bisher nicht richtig wahrgenommen haben, findet sich in 1. Mose Kapitel 22,11–12: *Da rief ihn der Engel des HERRN vom Himmel und sprach: Abraham! Abraham! Und er antwortete: Siehe, hier bin ich! Er sprach: Lege deine Hand nicht an den Knaben und tue ihm nichts; denn nun weiß ich,* ***dass du Gott fürchtest*** *und hast deinen einzigen Sohn nicht verschont um meinetwillen!*

Abraham war ein gottesfürchtiger Mensch. Abraham ist ein von Gott auserwählter Mensch. Er musste sein Zuhause in Haran verlassen, alles zurücklassen und Gott folgen, an einen Ort, den Gott ihm zeigen würde. Gott hat mit Abraham einen Bund geschlossen und ihm versprochen, dass er ein Vater vieler Völker sein wird. Bis diese Verheißung Wirklichkeit wurde, vergingen viele Jahre. In diesen Jahren war diese «Verheißung» nach menschlichem Ermessen «unmöglich» zu erfüllen. Abraham wurde alt und seine Frau Sara war unfruchtbar.

Dennoch hat Abraham die Treue Gottes erfahren. Er erlebte, wie Gott das «Unmögliche» möglich machte. Abraham und Sara bekamen im sehr hohen Alter ein Kind. Als Gott Abraham später auf die Probe stellen wollte und ihn aufforderte, seinen Sohn Isaak zu opfern, wartete Abraham nicht lange, sondern er machte sich frühmorgens sofort auf den Weg.

Der Sohn Isaak, sein Traumsohn, sein Wunschsohn ist für Abraham nicht wichtiger geworden als Gott. Durch und dank all dem, was Abraham im Laufe der Jahre erleben durfte, lernte er Gott kennen, Gott kam an die erste Stelle und war die erste Priorität in seinem Leben.

Weder Isaak noch etwas anderes war für Abraham wichtiger als Gott. Abraham sah Gott und sein Wirken in seinem Leben und das bewirkte, dass eine große Ehrfurcht in seinem Herz Platz fand.

Lasst uns in Zukunft nicht nur von Abrahams Glauben sprechen, sondern auch über seine Ehrfurcht vor Gott.

Die Träume von Joseph und Daniel

Joseph und Daniel erhielten von Gott die Gabe, Träume zu verstehen. Der Pharao, der König von Ägypten, hatte einen Traum, den niemand verstand. Als er von Joseph und seiner Gabe hörte, rief er ihn zu sich, damit er ihm den Traum deute.

In 1. Mose 41,15–16 lesen wir die Antwort, die Joseph dem König gab, als der König fragte, ob er, Joseph, Träume deuten könne: Und der Pharao sprach zu Joseph: *Ich habe einen Traum gehabt, aber es kann ihn niemand auslegen; nun vernahm ich von dir, wenn du einen Traum hörest, so legest du ihn auch aus. Joseph antwortete dem Pharao und sprach:* ***Nicht mir steht dies zu.*** *Möge Gott antworten, was dem Pharao Heil bringt!*

Im Hebräischen steht nicht: «Nicht mir steht dies zu», sondern die Worte **«ohne mich».**

Joseph betont, dass es Gott ist, der die Träume erklären kann. Die Gabe ist von Gott. Mit den Worten: «ohne mich» wollte Joseph sagen, dass nur Gott den Traum deuten und erklären kann. Joseph kann nichts dazu beitragen. Joseph ist sich sehr bewusst, dass seine Gabe von Gott ist, und er ist sich auch seiner Abhängigkeit von Gott bewusst.

Auch im Buch Daniel lesen wir von einem König, der einen Traum hatte und den niemand außer Daniel deuten konnte. In Daniel 2,19–23,27–28 lesen wir das Gebet, das Daniel zu Gott spricht, als er der Traum des Königs verstanden hat, sowie die Antwort, die Daniel dem König gab:
Hierauf wurde dem Daniel in einem Gesicht des Nachts das Geheimnis geoffenbart. Da pries Daniel den Gott des Himmels. Daniel hob an und sprach: Gepriesen sei der Name Gottes von Ewigkeit zu Ewigkeit! Denn sein ist beides, Weisheit und Macht. Er führt andere Zeiten und Stunden herbei; er setzt Könige ab und setzt Könige ein; er gibt den Weisen ihre Weisheit und den Verständigen ihren Verstand. Er offenbart, was tief und verborgen ist; er weiß, was in der Finsternis ist, und bei ihm wohnt das Licht! Dir, dem Gott meiner Väter, sage ich Lob und Dank, dass du mir Weisheit und Kraft verliehen und mir jetzt kundgetan hast, was wir von dir erbeten haben; denn die Sache des Königs hast du uns kundgetan! Daniel antwortete vor dem König und sprach: Das Geheimnis, nach welchem der König fragt, vermag kein Weiser, Wahrsager, Schriftkundiger oder Sterndeuter dem König kundzutun; ***aber es gibt einen Gott im Himmel, der Geheimnisse offenbart;*** *der hat dem König Nebukadnezar kundgetan, was in späteren Tagen geschehen soll.*

Als erstes gab Daniel Gott die Ehre. Auch vor dem König gab er Gott die Ehre. Wie oft rennen wir los, wenn wir eine Antwort, eine Idee von Gott bekommen haben, ohne IHM, Gott, zuerst zu danken.

Wie oft vergessen wir es oder wir wollen den anderen «schonen» oder wir wollen nicht in eine Konfliktsituation kommen, und wir betonen dadurch nicht die Quelle der Antwort, des Wunders oder der Führung, nämlich Gott.

Gottesfurcht ist ein Thema, das jeder von uns verstehen und in dem jeder von uns wachsen sollte. Ich möchte noch zwei weitere Aspekte betrachten, in denen wir Ehrfurcht haben sollten.

Ehrfurcht vor Gottes Wort

Haben wir Ehrfurcht vor dem Wort Gottes? Erkennen wir die Bibel wirklich als Gottes Wort an? Lesen wir die Bibel aus Pflicht oder aus Liebe zu Gott, nehmen wir ernst, was darin steht? Erwarten wir, Gott in seinem Wort zu begegnen?

Im den meisten Ländern kann man in eine Buchhandlung gehen und eine Bibel kaufen oder, wie heute, eine Bibel-App aufs Handy laden. Aber es gibt Länder, in denen es verboten ist, in der Bibel zu lesen. Da kann man sein Leben riskieren.

Hast du einmal darüber nachgedacht, ob du dein Leben für eine Bibel riskiert hättest? Hättest du in der Bibel gelesen, wenn du gewusst hättest, dass du dafür ins Gefängnis kommen oder sterben kannst?

In den nächsten beiden Bibelstellen haben wir eine Offenbarung darüber, was Gottes Wort auch noch ist:

Johannes 1,1+2+14: *Im Anfang war das Wort, und das Wort war bei Gott, und das Wort war Gott. Dieses war im Anfang bei Gott. Und das Wort ward Fleisch und wohnte unter uns; und wir sahen seine Herrlichkeit, eine Herrlichkeit als des Eingeborenen vom Vater, voller Gnade und Wahrheit.*

Offenbarung 19,13: *Und er ist angetan mit einem Kleide, das in Blut getaucht ist, und sein Name heißt: Das Wort Gottes.*

In diesen Bibelstellen sehen wir, dass Jesus das Wort Gottes ist. Das Wort Gottes ist Fleisch geworden. Der Reiter in der Offenbarung, der Jesus darstellt, trägt den Namen: «Gottes Wort». In der Bibel können wir Gott und auch Jesus begegnen.

Matthäus 24,35 sagt uns: *Himmel und Erde werden vergehen; aber meine Worte werden nicht vergehen.*

Gottes Wort ist ewig, alles wird vergehen außer Gottes Wort. Was sagt dir das? Was sagt es mir? Gottes Wort hat eine Ewigkeitskraft, die durch nichts in der Welt weggenommen oder zerstört werden kann. Wie wichtig ist es, aus dieser Erkenntnis heraus die Bibel zu studieren? Welche Kraft können wir aus Gottes Wort schöpfen und welchen Einfluss kann es auf unser Leben haben?

In Psalm 119,105 lesen wir: *Dein Wort ist meines Fußes* ***Leuchte*** *und ein Licht für meinen Pfad.*

Diese Bibelstelle ist sehr bekannt und man kann sie auf Karten oder Geschenkartikeln sehen. In der hebräischen Sprache steht anstelle des Worts **Leuchte** das Wort **KERZE.** Die Bibelstelle: *«Dein Wort ist meines Fußes Kerze und ein Licht für meinen Pfad»* klingt für dich vielleicht sehr komisch, aber ich sehe darin einen Hinweis Gottes, wie wir mit Gottes Wort umgehen sollen. Damit eine Kerze brennt, muss ich sorgsam mit ihr umgehen. Ich muss aufpassen, dass kein Wind kommt, und ich darf sie nicht in den Luftzug stellen. Wie im Irdischen so müssen wir auch im Geistlichen handeln. Ich muss das Wort Gottes in meinem Herzen vor dem Wind schützen, und wenn ich das Wort Gottes lese, darf ich nicht an geistlichen Durchzugsorten lesen, das sind Orte, wo der Wind der Sorgen, der Unruhe weht oder meine Gedanken woanders sind. An solchen Orten kann die Kerze nicht richtig brennen. Denk daran, wie viel Licht eine kleine Kerze geben kann, wenn sie an einem dunklen Ort brennt. Genau so ist das Wort Gottes. Es kann alle dunklen Orte in unserem Leben, in unserer Seele erhellen und zum Brennen bringen.

Ehrfurcht vor dem Heiligen Geist

Hast du Ehrfurcht vor dem Heiligen Geist? Kennst du den Heiligen Geist? Hast du Gemeinschaft mit ihm? Wie oft hast du Gemeinschaft mit dem Heiligen Geist? Einmal im Monat, einmal in der Woche oder täglich? Kennst du die Stimme des Heiligen Geistes? Der Heilige Geist ist unser Begleiter und Jesus hat gesagt, dass er immer bei uns sein wird. Ist der Heilige Geist wirklich dein Begleiter? Wenn ich mit jemandem spazieren gehe und einfach loslaufe, ohne auf meine Begleitperson zu warten, habe ich nicht viel Gemeinschaft mit der Begleitperson. Gehen wir jeden Tag mit dem Heiligen Geist oder gehen wir allein durch die Tage, ohne darauf zu achten, ob der Geist uns begleitet?

In der Apostelgeschichte 5,1–11 lesen wir eine sehr bekannte Geschichte. Ich glaube, dass viele von uns einen sehr wichtigen Punkt in dieser Geschichte übersehen oder nicht beachtet haben. Die Geschichte handelt von Ananias und Saphira. Dieses Ehepaar belog Petrus und die Apostel.

In Apostelgeschichte 5,3 lesen wir: *Petrus aber sprach: Ananias, warum hat der Satan dein Herz erfüllt, dass du dem* ***Heiligen Geist*** *lögest.*

Und in Vers 9 lesen wir: *Petrus aber sprach zu ihr: Warum seid ihr denn eins geworden, zu versuchen den* ***Geist des HERRN.***

Ist dir aufgefallen, dass Petrus sagte, sie hätten den Heiligen Geist belogen? Wir denken oft, dass uns niemand sieht, oder wir lügen Menschen an und meinen, niemand merkt es, aber der Geist Gottes sieht alles.

Als Petrus zu Ananias und Saphira sagte, dass sie den Geist belogen hatten, starben beide sofort. Wir sehen, dass die beiden eine solche Angst vor dem Heiligen Geist hatten, dass sie starben.

Wenn wir nicht auf den Geist Gottes achten, sterben wir vielleicht nicht sofort physisch wie Ananias und Saphira, aber es hat Auswirkungen auf unser Leben, wenn wir den Heiligen Geist nicht ernst nehmen. Wir sterben auch in dem Sinn, dass wir von Gott, von seiner Liebe, von seiner Kraft und von allem, was ER uns geben und schenken will, distanziert sind.

Der Heilige Geist ist eine Person, in der Bibel finden wir viele Stellen über Ihn:

1. Thessalonicher 5,19: *Den Geist dämpfet nicht ...*

Apostelgeschichte 13,2: *Da sie aber dem HERRN dienten und fasteten,* ***sprach der Heilige Geist:*** *Sondert mir aus Barnabas und Saulus zu dem Werk, dazu ich sie berufen habe.*

Apostelgeschichte 16,6–8: *Da sie aber durch Phrygien und das Land Galatien zogen,* ***ward ihnen gewehrt von dem heiligen Geiste,*** *zu reden das Wort in Asien. Als sie aber kamen an Mysien, versuchten sie, durch Bithynien zu reisen;* ***und der Geist ließ es ihnen nicht zu.*** *Sie zogen aber an Mysien vorüber und kamen hinab gen Troas.*

Galater 4,6: *Weil ihr denn Kinder seid, hat Gott gesandt den Geist seines Sohnes in eure Herzen,* ***der schreit:*** *Abba, lieber Vater!*

Römer 8,26: *Desgleichen auch der Geist hilft unsrer Schwachheit auf. Denn wir wissen nicht, was wir beten sollen, wie sich's gebührt; sondern der Geist selbst* ***vertritt uns*** *aufs Beste* ***mit unaussprechlichem Seufzen.***

Der Heilige Geist spricht! Der Heilige Geist erlaubt gewisse Dinge nicht. Der Heilige Geist schreit. Der Heilige Geist seufzt ... und vertritt uns. Haben wir diese Seiten des Geistes Gottes wirklich erlebt? Kennen wir diese Seiten des Geistes?

Eine weitere, sehr wichtige Bibelstelle finden wir in Johannes 16,13+14:
[13]*Wenn aber jener, der Geist der Wahrheit, kommen wird, der wird euch in alle Wahrheit leiten. Denn er wird nicht von sich selber reden; sondern was er hören wird, das wird er reden, und was zukünftig ist, wird er euch verkünden.* [14]*Derselbe wird mich verklären; denn von dem Meinen wird er's nehmen und euch verkündigen.*

In diesem Bibelabschnitt lesen wir die Worte, die Jesus über den Heiligen Geist gesagt hat. Der Heilige Geist wird uns leiten und uns zu allen Wahrheiten führen. Der Heilige Geist wird auch über alles reden, was er hört. Da die göttliche Weisheit von Gott kommt, ist es der Heilige Geist, der sie hört und darüber spricht.

Die Heilige Geist ist der Kanal, durch den uns Gottes Weisheit geschenkt und offenbart wird. Wenn wir Gottes Weisheit möchten und in dieser göttlichen Weisheit wachsen wollen, brauchen wir eine echte, lebendige und offene Beziehung zum Heiligen Geist.

Gottesfurcht im Leben Jesu

Wir haben von der Gottesfurcht der jüdischen Hebammen gelesen, von der Gottesfurcht Hiobs, Abrahams, Josephs und Daniels. Wir haben gelesen, wie wichtig die Ehrfurcht vor Gottes Wort und vor dem Heiligen Geist ist. Ich möchte nun eine Bibelstelle über die Ehrfurcht vor Gott im Leben Jesu zitieren, um noch einmal zu betonen, wie wichtig die Ehrfurcht Gottes ist.

Hebräer 5,1–7: *Denn ein jeglicher Hohepriester, der aus den Menschen genommen wird, der wird gesetzt für die Menschen gegen Gott, auf dass er opfere Gaben und Opfer für die Sünden; der da könnte mitfühlen mit denen, die da unwissend sind und irren, dieweil er auch selbst umgeben ist mit Schwachheit. Darum muss er auch, gleichwie für das Volk, also auch für sich selbst opfern für die Sünden. Und niemand nimmt sich selbst die Ehre, sondern er wird berufen von Gott gleichwie Aaron. Also auch Christus hat sich nicht selbst in die Ehre gesetzt, dass er Hohepriester würde, sondern der zu ihm gesagt hat: «Du bist mein lieber Sohn, heute habe ich dich gezeuget.» Wie er auch am andern Ort spricht: «Du bist ein Priester in Ewigkeit nach der Ordnung Melchisedeks.» Und er hat in den Tagen seines Fleisches Gebet und Flehen mit starkem Geschrei und Tränen geopfert zu dem, der ihm von dem Tode konnte aushelfen; und ist auch erhört, darum dass er Gott in* ***Ehren hatte.***

Die Gebete von Jesus wurden erhört, weil er Ehrfurcht vor Gott hatte. Mangel an Ehrfurcht vor Gott kann ein Hindernis für Gebetserhörung sein.

Kapitel 5

Interessante Bibelstellen bezüglich der Ehrfurcht vor Gott

Maleachi 3,13–18: *Ihr habt harte Worte wider mich ausgestoßen, spricht der HERR. Und ihr fragt noch: Was haben wir untereinander wider dich geredet? Ihr habt gesagt: Es ist umsonst, dass man Gott dient, und was nützt es uns, seine Ordnung zu halten und vor dem HERRN der Heerscharen in Trauer einherzugehen? Und nun preisen wir die Übermütigen selig; denn die Übeltäter stehen aufrecht und die, welche Gott versucht haben, kommen davon!* ***Da besprachen sich auch die Gottesfürchtigen miteinander, und der HERR merkte darauf und hörte es, und ein Gedenkbuch ward vor ihm geschrieben für die, welche den HERRN fürchten und seinen Namen hochachten.*** *Und sie werden von mir, spricht der HERR der Heerscharen, am Tage, den ich bereite, als mein auserwähltes Eigentum behandelt werden, und ich will ihrer schonen, wie ein Mann seines Sohnes schont, der ihm dient. Da werdet ihr wiederum sehen, was für ein Unterschied besteht zwischen dem Gerechten und dem Gottlosen, zwischen dem, der Gott dient, und dem, der ihm nicht dient.*

In Maleachi steht eine sehr interessante Information. Gott hat ein Buch des Gedenkens, in dem ER schreibt, wer IHN fürchtet und SEINEN Namen ehrt.

In Offenbarung, Kapitel 20,12 lesen wir von Büchern, die im Himmel geöffnet werden. Ich denke, dieses Buch, mit den Namen derer, die Gott fürchten und SEINEN Namen hochhalten, ist eines davon. Wir sehen hier, wie Gott auf Menschen reagiert, die Ehrfurcht vor IHM haben und SEINEN Namen kennen. Wir können in Maleachi auch sehen, dass es bei Gott eine Gerechtigkeit gibt, auch wenn wir sie nicht sofort erkennen.

Wir haben schon sehr viel über die Ehrfurcht vor Gott gelesen und gelernt, wie wichtig sie ist, aber hier sehen wir, wie wichtig es auch ist, Gottes Namen zu ehren.

Aus dem Vaterunser-Gebet lernen wir, dass der Name Gottes geheiligt werden soll, und in der Bibel steht noch viel mehr über den Namen Gottes. Der Name Gottes ist auch ein sehr wichtiges Thema, über das wir lernen sollten. David wusste um die Kraft, die im Namen Gottes liegt, denn in den Psalmen steht sehr viel darüber. Mehr als 50 Psalmen sprechen vom Namen Gottes.

Psalm 22,23: *Ich will deinen Namen predigen meinen Brüdern; ich will dich in der Gemeinde rühmen.*

Psalm 33,21: *Denn unser Herz freut sich sein, und wir trauen auf seinen heiligen Namen.*

Psalm 54,3: *Hilf mir, Gott, durch deinen Namen und schaffe mir Recht durch deine Gewalt.*

Aus dem Hebräischen: ... Gott, **in** deinem Namen **rette mich / erlöse mich;** und schaffe mir Recht durch deine Macht.

Psalm 79,9: *Hilf du uns, Gott, unser Helfer, um deines Namens Ehre willen; errette uns und vergib uns unsre Sünden um deines Namens willen!*

Psalm 89,25: *... aber meine Wahrheit und Gnade soll bei ihm sein, und sein Horn soll in meinem Namen erhoben werden.*

Psalm 91,14: *Er begehrt mein, so will ich ihm aushelfen; er kennt meinen Namen, darum will ich ihn schützen.*

Aus dem Hebräischen: *... Er begehrt mich, und ich werde ihm helfen / retten; Ich werde ihn erhöhen, weil er meinen Namen kennt.*

Sprüche 18,10: *Der Name des HERRN ist ein festes Schloss; der Gerechte läuft dahin und wird beschirmt.*

Aus dem Hebräischen: ... **Ein Turm des Mutes** ist Gottes Name, der Gerechte rennt in ihn (den Namen Gottes) hinein und wird beschirmt / erhöht ...

In diesen Bibelstellen sehen wir, dass wir im Namen Gottes Freude, Rettung, Schutz, Mut finden; wir werden von Gott erhöht und wir sollen von Gottes Namen predigen und ihn verkünden.

Im Vergleich zum Namen Gottes wissen wir mehr über den Namen Jesu, weil wir viel mehr davon gehört haben. Der Name Jesus ist sehr wichtig und ist ein mächtiger Name. Aber weder David noch Jesus konnten den Namen Jesus in dem Sinn benutzen, wie wir heute z. B. «im Namen Jesu» beten. David wusste um die Kraft, die im Namen Gottes, des Vaters, liegt, und mit dieser Kraft, die im Namen liegt, kämpfte er gegen Goliath.

Jesus kannte auch die Kraft, die im Namen Gottes liegt.

In Johannes 17,1-6.12.25-26 lesen wir, was Jesus über den Namen des Vaters sagte: ... *Solches redete Jesus, und hob seine Augen auf gen Himmel und sprach: Vater, die Stunde ist da, dass du deinen Sohn verklärest, auf dass dich dein Sohn auch verkläre; gleichwie du ihm Macht hast gegeben über alles Fleisch, auf dass er das ewige Leben gebe allen, die du ihm gegeben hast. Das ist aber das ewige Leben, dass sie dich, der du allein wahrer Gott bist, und den du gesandt hast, Jesus Christus, erkennen. Ich habe dich verklärt auf Erden und vollendet das Werk, das du mir gegeben hast, dass ich es tun sollte. Und nun verkläre mich du, Vater, bei dir selbst mit der Klarheit, die ich bei dir hatte, ehe die Welt war.* ***Ich habe deinen Namen offenbart den Menschen, die du mir von der Welt gegeben hast ...***
Dieweil ich bei ihnen war in der Welt, ***erhielt ich sie in deinem Namen.*** *Die du mir gegeben hast, die habe ich bewahrt, und ist keiner von ihnen verloren, als das verlorene Kind, dass die Schrift erfüllet würde.*

Gerechter Vater, die Welt kennt dich nicht; ich aber kenne dich, und diese erkennen, dass du mich gesandt hast. ***Und ich habe ihnen deinen Namen kundgetan und will ihn kundtun,*** *auf dass die Liebe, damit du mich liebst, sei in ihnen und ich in ihnen.*

Jesus hat seine Jünger über den Namen Gottes gelehrt und hat ihn ihnen offenbart; im Namen Gottes bewahrte ER seine Jünger. Deshalb wäre es ein großer Vorteil, wenn auch wir uns die Zeit nähmen, mehr über den Namen des Vaters zu lernen, denn es gibt ein Buch im Himmel, in das Gott die Namen derer schreibt, die den HERRN fürchten und seinen Namen ehren.

Was Gott in seinem Wort sagt, dass wir wissen sollten

Bis hierher haben wir von der göttlichen Weisheit gehört, die nur Gott hat und die ER uns geben möchte. Aber es gibt auch Dinge, die wir wissen sollten, die Gott in SEINEM Wort sagt ...

In Jeremia 29,11–13 sagt Gott: *Denn ich weiß, was für Gedanken ich über euch habe, spricht der HERR, Gedanken des Friedens und nicht des Leides, euch eine Zukunft und eine Hoffnung zu geben. Und ihr werdet mich anrufen und hingehen und zu mir flehen, und ich will euch erhören; ihr werdet mich suchen und finden, wenn ihr mich von ganzem Herzen suchen werdet.*

Meine Frage an mich und dich lautet: Wissen wir wirklich, dass Gott nur gute Gedanken über uns und für uns hat? Leben wir in diesem Bewusstsein, dass Gott nur das Beste mit uns vorhat?

In Epheser 1,15–23 lesen wir, dass wir mehr über Gott wissen und IHN besser verstehen sollen:
Darum lasse auch ich, nachdem ich von eurem Glauben an den Herrn Jesus und von der Liebe zu allen Heiligen gehört habe, nicht ab, für euch zu danken und in meinen Gebeten euer zu gedenken, ***dass der Gott unsres Herrn Jesus Christus, der Vater der Herrlichkeit, euch den Geist der Weisheit und Offenbarung gebe in der Erkenntnis (Wissen) seiner selbst,*** *erleuchtete Augen des Herzens,* ***damit ihr wisst,*** *welches die Hoffnung seiner Berufung und welches der* ***Reichtum*** *der Herrlichkeit seines Erbes in den Heiligen sei, welches auch die überwältigende Größe seiner Macht sei an uns, die wir glauben, vermöge der Wirksamkeit der Macht seiner Stärke, welche er wirksam gemacht hat in Christus, als er ihn aus den Toten auferweckte und ihn zu seiner Rechten setzte in den himmlischen Regionen, hoch über jedes Fürstentum und jede Gewalt, Macht und Herrschaft und jeden Namen, der genannt wird nicht allein in diesem Zeitalter, sondern auch in dem zukünftigen und wobei er alles unter seine Füße tat und ihn zum Haupt über alles*

der Gemeinde gab, welche sein Leib ist, die Fülle dessen, der alles in allen erfüllt ...

Wir sehen hier durch dieses Gebet, welches Paulus gebetet hat, dass Gott uns den Geist der Weisheit und der Offenbarung geben will, damit wir erkennen, WER und wie ER wirklich ist, und damit wir Offenbarung über unsere Hoffnung als Gläubige, über unser Erbe und über unsere Vollmacht als Gläubige erhalten.

Bete dieses Gebet wie Paulus und bitte Gott um diese Offenbarungen von IHM!

Zusammenfassung

Zum Schluss möchte ich noch einmal zusammenfassen, was wir gelesen haben:

Was ist דעת – *dahat*?
Was ist Gottes Weisheit?

- Die Weisheit, die von Gott kommt, unterscheidet sich von der Klugheit, der Intelligenz oder der Weisheit, die von der Ausbildung oder Erfahrung kommt.
- Es ist eine Weisheit oder ein Wissen, das nur Gott besitzt. Nur ER kann und will uns Teile davon geben und offenbaren.
- Sie ist Weisheit über das, was Gott ist und was ER vermag.
- Sie ist Weisheit, die zu tiefer Offenbarung und Erkenntnis von Gottes übernatürlicher Kraft, Kreativität, Macht, Größe, Absichten und Plänen führt.
- Die Weisheit Gottes – דעת (dahat) hat einen direkten Bezug zur Ehrfurcht vor Gott.

Wie kann man Weisheit empfangen?

- Erkenne die Größe, Autorität und Macht Gottes.
- Wandle in Ehrfurcht.
- Kämpfe gegen Zweifel und negative Gedanken («die Schlange im Paradies»).
- Bitte Gott und den Heiligen Geist um Weisheit.

Ich möchte dieses Buch mit einem Lied von David, das ein Gebet ist, beenden, auf Deutsch und in der deutschen Übersetzung aus dem Hebräischen:

Psalm 67,1–2: Dem Vorsänger
Mit Saitenspiel. Ein Psalmlied. Gott sei uns gnädig und segne uns, er lasse sein Antlitz bei uns leuchten (Pause), dass man auf Erden deinen Weg erkenne, unter allen Nationen dein Heil.

Aus dem Hebräischen sollte es heißen: ... Gott wird uns begnadigen, uns segnen, Sein Gesicht erleuchten mit uns (zusammen) – Sela. Zu wissen im Lande deine Wege und alle Heiden deine Erlösung.

Gott möchte uns segnen und wünscht sich, dass wir SEINE Weisheit auf Erden haben, damit wir auf SEINEN Wegen gehen können.

Lasst uns jeden Tag darum bitten und offen sein für diese Weisheit, die von IHM kommt und die ER uns geben möchte.

Weiteres Buch der Autorin:

Shulamit Zukerman

Gesegnet bist Du, Gott

Baruch ata adonai

Softcover, 118 Seiten
ISBN 978-3-875980-51-6

Viele jüdische Gebete und Bibelverse im Alten Testament fangen mit diesen Worten an. David, Salomo, Daniel, Abrahams Knecht, Jethro, der Schwiegervater von Mose, Nehemia und Esra beteten und dankten Gott auf diese Art.

Für einen Juden ist es normal, ein Gebet mit „Gesegnet bist Du, Gott" zu beginnen, aber wie ist das auf Deutsch zu verstehen? Auf diese Frage möchte die Autorin eine Antwort geben.

Weitere Bücher aus dem Verlag MOSAICSTONES:

Alice Chapin,

Kleines Buch großer biblischer Verheißungen

für Frauen
ISBN: 978-3-905290-69-1
Erscheinungsjahr: 2013

für Männer
ISBN: 978-3-905290-78-3
Erscheinungsjahr: 2014

für Senioren
ISBN 978-3-905290-86-8
Erscheinungsjahr: 2017

Melanie & Markus Giger

Mitten im Sturm

LEBEN, GLAUBEN, LIEBEN
In guten und in anderen Zeiten

Softcover, 132 Seiten
ISBN 978-3-906959-47-4

E-Book
ISBN 978-3-906959-74-0

Schonungslos ehrlich nehmen uns die Autoren mit auf ihren Weg nach dem überraschenden Tod ihres Sohnes Micha und in die damit verbundene Trauer. Verletzlich und offen lassen sie die Lesenden teilhaben an ihrer Zeit durch einen Schmerz hindurch, der eigentlich nicht auszuhalten ist. Sie beantworten auf diesem Weg Fragen, die man als Mittrauernder hat, aber nicht zu stellen wagt:

Wie haben sie es geschafft zu überleben? Was hat ihnen geholfen als Ehepaar zusammenzubleiben? Können sie noch an einen gütigen Gott glauben? Überwindet man je diesen Verlustschmerz?

Ernst Stöckli

Ich bin immer Bauer geblieben

Vom Getreidebauer zum Gemeindebauer

Softcover, 148 Seiten, farbige Bilder
ISBN 978-3-906959-46-7

E-Book
ISBN 978-3-906959-72-6

Was bringt einen Menschen dazu, seinen Traumberuf aufzugeben und sich stattdessen einer anderen Aufgabe zu widmen? Ernst Stöckli erzählt, wie es dazu kam, dass er all seine Zeit dem Aufbau einer Kirchgemeinde widmete. Er erlebte das Entstehen der Gemeinde Thalgut von Beginn mit und kennt all die Zwischenstationen der kirchlichen Aktivitäten bis heute. Aus den kleinen Haustreffen ist eine große Freikirche mit vier Generationen geworden. Sie strahlt nicht nur in ihre Region aus, sondern sendet Missionare in verschiedenste Länder.

Simea Schwab (Pfrin.)

Fussnotizen

begrenzt – grenzenlos

Hardcover mit Schutzhülle, 224 Seiten
ISBN 978-3-906959-71-9

E-Book
ISBN 978-3-906959-75-7

Simea Schwab sieht die Welt aus einer ungewohnten Perspektive. An diesem Blickwinkel lässt sie uns mit Wort und Bild teilhaben. Denn die Fußnotizen sind von der ohne Arme geborenen Autorin wortwörtlich mit den Füßen geschrieben und ebenso bebildert. Ihr täglicher Umgang mit Grenzen und Schranken ist eng verbunden mit hoffnungsvoller Freude.

So berühren die poesievollen Texte zahlreiche Facetten des menschlichen Daseins – die Spannung wird nicht einfach aufgelöst. Momente der Lebensfreude, harte Fragen, feinfühlige, frohe Schilderungen, kritische Töne über den Umgang mit Außergewöhnlichem in unserer Gesellschaft, ansteckendes Gottvertrauen, schwere Zeiten – dies alles findet statt, untermauert von tiefer Zuversicht und dem Gefühl des Angenommenseins.

Simea Schwab (Pfrin.)

Ins Leid gepflanzt, ins Glück gewachsen

Nachdenken über Freud und Leid

Softcover, 224 Seiten
ISBN 978-3-85580-511-2

Wie gehen wir mit schmerzvollen Erfahrungen um? Sorge, Angst, Trauer und Verzweiflung können unser Denken bestimmen und gefangen nehmen. Simea Schwab legt uns mit ihrem Buch eine Auseinandersetzung mit schmerzvollen Erfahrungen vor. Ehrlich erzählt sie von eigenen Zweifeln, Tiefschlägen und seelischen Nöten. Sie bleibt aber dabei nicht stehen, sondern zeigt Wege der Zuversicht und Freude.

Sven Sohr (Prof. Dr.)

Gott als Coach

100 christliche Botschaften mit Positiver Psychologie

Hardcover, 260 Seiten
ISBN 978-3-03965-092-7

E-Book
ISBN 978-3-03965-006-4

Coaching boomt und wirkt – speziell mit Positiver Psychologie. Der beste Coach aller Zeiten ist Gott. Herzstück des Buches sind 100 biblische Coaching-Botschaften auf Basis von Befunden der Positiven Psychologie. Darüber hinaus gibt es Antworten auf praktische Fragen: Wie coacht Christ Jürgen Klopp als bester Fußball-Trainer der Welt? Wie coacht Jesus seine Jünger? Wie coacht Gott Jeremia und den Autor? Das Buch lädt dazu ein, uns von Gott coachen zu lassen.

Christian Haslebacher

Dein Leben zählt

Liebe, Würde, Versöhnung, Zuversicht und Wirksamkeit

Taschenbuch, 114 Seiten
ISBN 978-3-03965-010-1

E-Book
ISBN 978-3-03965-011-8

«Ein einzigartiges, wichtiges und wirklich bedeutsames Buch! Christian Haslebacher nimmt uns als Leser mit auf eine Reise. Noch mehr, er zieht uns mit hinein in einen Dialog, beharrlich, liebevoll, tiefsinnig, gewinnend. Er übersetzt die Kernpunkte des Evangeliums, der guten Nachricht, hinein in die Lebenswelt von Menschen im 21. Jahrhundert. Das bewirkt eine Frische und Nähe, die Lust zum Weiterlesen macht. Und die in eine Tiefe führt, die unser Innerstes berührt.»

Prof. Dr. Roland Werner
Bibelübersetzer, Autor, Mentor und Professor
für Theologie im globalen Kontext

Luca Hersberger (Dr. med.)

Heilsame Beziehungen

Wenn christlicher Glaube und Schematherapie sich ergänzen.

Hardcover, gebunden, 184 Seiten
ISBN 978-3-906959-68-9

E-Book
ISBN 978-3-906959-70-2

Ein Schema ist ein unbewusster Filter, durch den wir unsere Erlebnisse wahrnehmen. Unsere Sicht auf uns selbst, auf unsere Umwelt und auf Gott wird gefärbt durch unsere Prägung, die meist noch aus der Kindheit stammt. Dieses Buch zeigt, wie eine heilsame Verbindung von Schematherapie und christlichem Glauben aussehen kann. Die bedingungslose göttliche Vaterliebe heilt – und die schematherapeutischen Ansätze helfen, diese Liebe zu verstehen und zu erleben.

Samuel Pfeifer (Prof. Dr. med.)

Der sensible Mensch

Leben zwischen Begabung und Verletzlichkeit

Softcover, 320 Seiten
ISBN 978-3-906959-91-7

«Ich war immer feinfühlig, ein sensibles Kind. Aber ich habe das früher auch genießen können: Düfte, Musik, eine schöne Landschaft. Jetzt ist alles so anstrengend geworden. In letzter Zeit war ich oft so erschöpft, dass mich mein Arzt für einige Wochen arbeitsunfähig geschrieben hat.»

Was diese junge Lehrerin beschreibt, ist eine Begabung und eine Belastung. Unsere Gesellschaft hebt Menschen aufs Podest, die etwas leisten, die hart im Nehmen sind. Sensibilität ist im Alltag «uncool» – und doch verehrt unsere Kultur einzelne Ikonen der Sensibilität wie z.B. Prinzessin Diana.

Oliver Merz (Dr.)

papperlapapp

sinnvoll kurz und knapp

Hardcover, 72 Seiten
ISBN 978-3-906959-38-2

Oliver Merz reimt zur Coronakrise, zu sozialen, politischen und kulturellen Themen und lässt auch Gott und Feste im Kirchenjahr nicht aus. Der Gedichtsband ist mit Kunstwerken des Autors illustriert. Die Gedichte eignen sich zum Vorlesen in Gottesdiensten, bei Sitzungen, Anlässen usw.

Phil Wasem

Wachgeküsst

Wie Gottes Geist dich und deine Community erweckt

Softcover, 155 Seiten
ISBN 978-3-906959-66-5

E-Book
ISBN 978-3-906959-77-1

Erweckung ist in aller Munde. Für einige Christen liegt Erweckung immer in der Vergangenheit, für andere wird Erweckung erst bald kommen, nach «Corona» ... Dieses Buch beschreibt den gang- und erlebbaren Mittelweg des Aufbruchs im Jetzt, in der Gegenwart.

Es will darstellen, wie ein erweckliches Kirchenverständnis aussieht und wie es im Umfeld der Leserinnen und Leser aussehen könnte. Wie kann ich mich verhalten, um meine Kirche oder meine Gruppe geistlich zu vitalisieren?

Franziska Buob

#OMG – Oh mein Gott!

Leinen los und volle Kraft voraus ... bis ins Auge des Hurricane

Softcover, 216 Seiten
ISBN 978-3-03965-024-8

E-Book
ISBN 978-3-03965-006-4

Nach fast zwanzig schönen, aber auch herausfordernden Jahren, begann das Jahr 2002. Gleichzeitig ballten sich weit hinten an unserem Ehehorizont dunkle Gewitterwolken zusammen und zogen unaufhaltsam in unsere Richtung. Hätte ich zu diesem Zeitpunkt geahnt, welch gewaltiger Tornado, nur ein Jahr später, über unsere bis anhin heile Familie hinwegfegen würde, wäre ich entsetzt und laut weinend ganz weit davongerannt.

Franziska Buob

Joel

Die fast unglaubliche Geschichte meines Sohnes

Broschüre, 52 Seiten
ISBN 978-3-03965-033-0

PDF
ISBN 978-3-03965-034-7

Franziska Buob

Versetzt in die Zukunft

Der Blick in meine Vergangenheit

Broschüre, 16 Seiten
ISBN 978-3-03965-031-6

PDF
ISBN 978-3-03965-032-3

Alfred Eglin-Weidmann

Täglich 3 Tropfen Humor

Witze, Anekdoten und heitere Lebensweisheiten

Softcover, 96 Seiten
ISBN 978-3-85580-551-8

Die Aufgabe eines Pfarrers ist es, Menschen in Notlagen beizustehen und sie aufzurichten. In seiner langjährigen Arbeit als Gemeindepfarrer hat Alfred Eglin erlebt, dass vor allem ältere Menschen dankbar sind für humorvolle Worte, Anekdoten und Witze. Das spontane Lachen stimmt sie locker und fröhlich. Sie könne die alte Weisheit erfahren: „Lachen ist gesund". Aus diesem Grund hat er sich entschlossen, seine über Jahre gesammelten Anekdoten und Witze in diesem Büchlein herauszugeben. Aber Achtung: Witze geniesst man wie Pralinen - Zwei oder drei pro Tag. Wer eine Schachtel auf einmal verschlingt, verdirbt sich den Magen.

Alfred Eglin-Weidmann (Pfarrer)

Engel sind auch nur Menschen

Humorvolles mitten im Ernst des Lebens

Softcover, 112 Seiten
ISBN 978-3-85580-428-3

Von raffinierten Bettlern ist hier die Rede, von schweißtreibenden Hochzeiten, spannungsgeladenen Taufen und Beerdigungen und vielem mehr.

Alfred Eglin beschreibt Erlebnisse aus dem Alltag eines Pfarrers, die der Öffentlichkeit normalerweise verborgen bleiben. Die Kurzgeschichten zum Schmunzeln eignen sich ausgezeichnet zum Vorlesen.